CATALOGUE

DES LIVRES

DE FEU

M. SANCHÈS.

CATALOGUE
DES LIVRES
DE FEU

M. Ant. NUŇÉS-RIBEIRO-SANCHÈS,

Conseiller d'État de la Cour de Russie, Docteur
en Médecine de l'Université de Salamanque,
ancien premier Médecin des Camps & Armées du noble Corps des Cadets, & du
Corps de Sa Majesté l'IMPÉRATRICE de
toutes les Russies, &c. &c.

DONT *la Vente se fera en sa Maison*, *rue de la*
Verrerie, Cimetiere S. Jean, le Lundi 15 *Décembre*
1783, *& jours suivants, à trois heures de relevée.*

A PARIS,

Chez DE BURE, FILS AÎNÉ, Lib. Quai des Augustins.

M. DCC. LXXXIII.

PRÉCIS HISTORIQUE

SUR LA VIE

DE M. SANCHÈS.

ON a fait des éloges funebres avant qu'il y eût des Académies. Des Orateurs & des Ecrivains diftingués ont de tous les temps honoré la mémoire des hommes qui laiffent après eux un long fouvenir des fervices qu'ils ont rendus, ou des découvertes qu'ils ont faites. Mais les Académies, en donnant plus d'éclat à cet ufage refpectable, femblent avoir confacré les éloges par des leçons utiles.

C'eft là que tout homme qui laiffe un nom célebre dans les fciences eft jugé, finon par fes égaux, du moins par fes confreres : c'eft là-fur-tout que fes travaux font appréciés, & qu'on lui affigne la portion de gloire qu'il a méritée. Les Sociétés favantes, en faifant l'éloge d'un Académicien, pénetrent dans tous les fecrets de fon talent, rendent compte de fes veilles, développent dans chacun de fes ouvrages le caractère particulier qui le diftingue, & faififfent dans l'enfemble de fes œuvres l'efprit général qui y domine ; c'eft ainfi que l'on tranfmet à la poftérité des exemples fur lefquels fe formeront un jour de nouveaux modeles.

Un éloge de ce genre utile à la fois & à la mémoire d'un homme célebre, & à l'inftruction publique, eft fans doute le feul qui me paroiffe digne de M. SANCHÈS. Mais l'honneur de lui rendre un hommage auffi éclatant ne m'appartient pas. Je m'acquitte feulement d'un devoir que l'amitié m'impofe, & je publie les talens & les qualités émi-

nentes de M. Sanchès, pour faire partager mon
estime & ma vénération aux amis des sciences &
de la vertu.

Ce n'est donc point l'éloge académique de
M. Sanchès que j'ose entreprendre. Je ne donnerai
qu'un précis historique de sa vie. Mes récits fideles
& simples, comme l'honnête homme qui en est l'objet, pourront suffire à sa réputation. La Société
Royale fera mieux pour sa gloire. L'éloquence réu-
nie à un savoir profond ne tardera pas à célébrer avec
plus d'éclat le mérite de M. Sanchès; c'est au Secrétaire Perpétuel d'une Société savante, à laquelle
M. Sanchès étoit associé, que cet honneur est heu-
reusement réservé; c'est à lui de jetter quelques
fleurs sur la tombe d'un confrere illustre; je n'ai
que des larmes à répandre sur celle de mon ami.

Antoine Nunès Ribeiro Sanchès, Conseiller
d'Etat de la Cour de Russie, Médecin de l'Université de Salamanque, ancien Médecin des Camps
& armées, du noble corps des Cadets, Médecin
de S. M. l'Impératrice de toutes les Russies, Associé Honoraire de l'Académie Royale de S. Pétersbourg, Membre de l'Académie Royale de Lisbonne, Correspondant Etranger de l'Académie
Royale des Sciences de Paris, & Associé Etranger
de la Société Royale de Médecine, naquit à Pegna-
Macor en Portugal, le 7 Mars 1699, de Simon
Nunès, & d'Anne Nunès Ribeiro.

Son père étoit négociant à Pegna-Macor. Il y
jouissoit d'une fortune assez considérable & d'une
bonne réputation qui venoit beaucoup moins de sa
fortune que de la probité & de l'intelligence qui
la lui avoient acquise. Il veilla lui-même à l'éducation de son fils. Plutarque & Montagne furent
les premiers maîtres qu'il lui donna.

Le jeune Sanchès n'avoit pas encore fini son Cours de Philosophie (1) qu'il songeoit déjà à l'étude de la Médecine. Son projet trouva beaucoup d'obstacles. Un de ses oncles, Jurisconsulte estimé à Pegna-Macor, afin de l'engager à suivre sa profession, lui fit les offres les plus avantageuses, le désigna pour son successeur & promit d'ajouter à tant de bienfaits la main de sa fille unique encore plus séduisante par son caractère que par sa beauté, & qui n'avoit que 17 ans. M. Sanchès en avoit alors 18. Il céda sans effort, travailla dans le cabinet de son oncle avec assiduité & vit tous les jours sa cousine dont la présence ne lui rappelloit sa première résolution que pour l'en écarter. Enfin la Médecine l'auroit perdu sans retour, s'il n'eût rencontré par hasard les Aphorismes d'Hippocrate.

Dès ce moment il s'occupa de son départ ou plutôt de sa fuite. Il se rendit secrètement à Coimbre & se livra tout entier à l'étude. L'amitié de son oncle se réfroidit, sa mère fut irritée, & son père même n'eut pas la force de protéger ouvertement son inclination pour la Médecine. Mais M. Sanchès fut assez heureux pour trouver auprès d'un de ses parens quelque soulagement au chagrin que sa famille lui donnoit. D. Diego Nunès Ribeiro, son oncle maternel, célèbre Médecin à Lisbonne, ayant appris la conduite de son neveu, & les sacrifices qu'il faisoit à la Médecine, conçut pour le jeune homme une amitié aussi vive que l'ardeur qu'il avoit lui-même pour sa profession. Il le recommanda à un Médecin instruit nommé Bernard Lopès de Pinho, qui s'appliqua à former en même

---

(1) A Salamanque en 1716, 1717, 1718, sous le P. Manvel Baptiste, Jésuite très savant.

tems le cœur & l'esprit de son disciple , & le maître & le disciple resterent toujours inviolablement
attachés (1). Il fut bientôt récompensé de sa tendresse & de ses soins par les succès de M. Sanchès
qui prit ses degrés à Salamanque en 1724, à l'âge
de 25 ans , & obtint l'année suivante la place de
Médecin de la ville de Bonaventi en Portugal (2).

Malgré sa grande jeunesse , M. Sanchès se con-
cilia par la régularité de ses mœurs & par des cures
heureuses la confiance & l'estime publiques , & il auroit pu se flatter de réunir tous les suffrages s'il eût
été satisfait de lui-même. Mais son ardeur pour les
sciences s'augmentant à mesure qu'il étendoit ses
lumiéres ; il s'apperçut bientôt que sa patrie manquoit des ressources dont sa passion pour l'étude
avoit besoin. Il résolut de voyager dans les plus
célebres Universités de l'Europe, quitta sa place à
Bonaventi , se rendit à Genes & passa en Angleterre. Il étudia deux ans la Médecine à Londres ,
& songeoit même à s'y fixer , lorsqu'une maladie

---

(1) En Portugal il est d'usage avant de pratiquer la Médecine de suivre pendant deux ans un Médecin dans ses vi-
sites ; il instruit son Eleve au lit des malades , lui explique la
maladie , lui demande son avis , lui dit le sien , & ordonne
ce qu'il convient , après avoir expliqué au jeune Médecin
pourquoi il ordonne tel ou tel remede. Il y a bien des pays
qui passent pour plus éclairés que le Portugal où la Médecine ne s'apprend pas de cette maniere , la seule propre à
former des Médecins ; il est vrai que dans l'Hôpital un Médecin n'a jamais plus de soixante malades à traiter , & de cette
maniere , il peut donner plus de temps à chaque malade , &
être utile aux Etudians.

(2) C'est encore une coutume reçue en Portugal que chaque ville pensionne un Médecin ; & il y a de ces pensions qui
valent jusqu'à 2500 livres.

grave, qu'il attribuoit au climat, le força de renoncer à son projet.

Après avoir visité l'Université de Montpellier (1), il passa quelque temps à Marseille où il connut le fameux Bertrand, qui jouissoit de la considération que son héroïsme & ses talens lui avoient méritée pendant la peste dont cette ville venoit d'être affligée (2).

M. Bertrand a toujours conservé un droit tout particulier à la reconnoissance de M. Sanchès ; il lui fit connoître le premier les Aphorismes de Boerhaave. On peut juger du plaisir inexprimable de M. Sanchès, jeune, ardent & passionné pour la Médecine, à la lecture de cet ouvrage ; mais on ne sauroit se peindre son ivresse & son enthousiasme, lorsqu'il apprit que cet homme extraordinaire vivoit encore. Aussitôt il partit pour Leyde où Boerhaave faisoit un Cours public ; & y suivit pendant trois ans les leçons de ce Médecin auquel la Médecine & la Chymie auront des obligations éternelles.

Leyde offroit alors aux Savans de l'Europe un spectacle semblable à celui que, dans les arts, Athènes & les villes les plus célebres de la Grèce, donnerent jadis aux nations : on y voyoit réunis les plus grands hommes dans toutes les sciences qui attiroient dans cette ville un concours nombreux de disciples, tous capables au sortir de cette école d'aller répandre dans le monde entier les connoissances qu'ils avoient acquises.

Albinus professoit l'Anatomie, Gaubius la Chymie, van-Swieten la Pharmacie, & Boerhaave la

---

(1) 1728.
(2) en 1720 & 1721.

Médecine. M. Sanchès se montra digne de la célébrité de ses Maîtres par son zele , & sur-tout par ses lumieres. Il communiqua même dans la suite à van-Swieten la composition d'un remede fameux qui porte encore aujourd'hui le nom de ce Médecin. Mais en adoptant la dissolution spiritueuse du sublimé corrosif , le maître négligea trop les leçons de son ancien disciple, & dans l'application du nouveau spécifique, il oublia de faire l'usage des boissons sudorifiques & des bains de vapeurs. M. Sanchès fut témoin , lorsqu'il vint en France en 1747 , des abus que cette négligence avoit fait naître , & voyant la difficulté d'établir à Paris des bains Russes, il préféra à la dissolution du sublimé corrosif un sel mercuriel , qui , mêlé avec des remedes salins , résineux , aromatiques , & administré sous la forme de pilules , lui réussit dans plusieurs maladies chroniques , & sur-tout dans celles qui provenoient d'un vice vénérien dégénéré

En 1731 , l'Impératrice de toutes les Russies ayant demandé à Boerhaave trois Médecins de son choix, M. Sanchès fut le premier de ses disciples sur lequel le Professeur de Leyde jetta les yeux. Pendant que ses Collegues prenoient leurs dégrés, il fut obligé d'avouer à son Maître qu'il étoit gradué à Salamanque depuis 1724. Un aveu si flatteur pour Boerhaave étoit à ses yeux la louange la plus délicate qu'il ait reçue depuis que toute l'Europe retentissoit de ses louanges , & dans l'instant même que la Souveraine d'un grand Empire lui donnoit une marque honorable de sa confiance. Le Professeur de Leyde embrassa M. Sanchès , & le priant de reprendre , comme son ami , les honoraires qu'il avoit payés dans ses cours comme son disciple , il ne le quitta plus jusqu'à son départ pour la Russie.

Ce départ fut prochain. M. Sanchès venoit de
recevoir de triftes nouvelles de Portugal. Son père
étoit mort; fa mère avoit dans la premiere année
de fon veuvage perdu un procès confidérable avec
l'Amirauté qui lui avoit enlevé la meilleure partie
de fa fortune. M. Sanchès donna des larmes à la
mémoire d'un père tendrement aimé, & aban-
donna à fa mère tout fon bien & les efpérances qu'il
avoit dans fa patrie pour réparer en quelque forte
le malheur qu'elle avoit éprouvé. M. Sanchès ar-
riva à S. Pétersbourg en 1731 avec des lettres de
Boerhaave. Le fils du célebre Bidloo, qui étoit
alors premier Médecin de l'Impératrice, le plaça à
Moſcow. Il y fut bientôt recherché, non pas en
qualité d'*étranger* & de *nouveau venu* (car par tout
la nouveauté peut donner la vogue, & la Médecine même n'eſt pas exempte de ces honteux fuc-
cès) mais comme Savant il mérita l'eſtime d'un petit nombre de gens inſtruits, & comme Médecin, il obtint la confiance d'un grand nombre de
malades. Il trouvoit en Ruſſie non feulement les
moyens de développer fes talens, mais les occafions
encore plus fréquentes d'exercer fes vertus; il n'a-
voit jamais vu ni dans fes voyages, ni même dans
fa patrie, un peuple plus miférable & plus étonné
de fon humanité & de fes largeſſes, quand il laif-
foit au chevet du pauvre les honoraires qu'il venoit
de recevoir dans la maifon des riches.

En 1733, le premier Médecin de l'Impératrice,
M. Rieger, Préfident de la Chancellerie de Médecine, qui, fans doute, avoit un mérite affez dif-
tingué pour rapprocher de lui un étranger tel que
M. Sanchès, mit de l'empreſſement à le nommer
Médecin de S. Pétersbourg, le fit recevoir Membre de la Chancellerie de Médeçine en 1734, &

l'année suivante, Médecin des armées.

M. Sanchès, qui ne voyoit jamais dans les places l'avantage qu'il pouvoit en retirer, mais les services qu'il y pouvoit rendre, accepta avec reconnoissance celle de Médecin des armées comme l'occasion la plus favorable d'observer les maladies des camps & de faire, ainsi qu'il le desiroit depuis long-temps, un recueil d'observations sur les Hôpitaux militaires. Pendant six ans qu'il fut Médecin des armées, il s'occupa de ce travail, mais le tumulte des camps nous en a ravi le fruit (1).

Au retour de M. Sanchès, l'Impératrice, qui avoit conçu pour lui une estime égale à la confiance qu'elle avoit dans ses talents, le nomma Médecin du noble Corps des Cadets : elle l'appelloit toujours auprès des personnes qui lui étoient les plus cheres ; & sa présence chez les malades de distinction annonçoit quelquefois la faveur de la Cour.

Malgré le grand nombre de ses occupations, augmenté tous les jours par de nouvelles places qui lui imposoient de nouveaux devoirs, M. Sanchès, dont l'activité étoit infatigable pour l'intérêt de sa profession, & l'amour des sciences, ne bornoit point, en Russie, ses travaux & ses succès à la pratique de la Médecine. Comme rien de ce qui pouvoit être utile ne lui paroissoit indifférent, il n'y avoit aucune espece de connoissance à laquelle il fût étranger. Plusieurs Savans de l'Europe (2)

---

(1) M. Sanchès fut attaqué d'une fievre maligne au siege d'Azof. Abandonné dans sa tente pendant plusieurs jours, il y fut pillé & volé. N'ayant trouvé ni ses porte-feuilles, ni ses malles, ni son argent, il ne regretta que ses papiers.

(2) MM. Gunz, Schreiber, Amman, Haller, Condoidi, Weitbrecht, Werlhoof, Goldbach, Crusius, Sinopeus, le Baron d'Asche, &c, &c.

étoient en correspondance avec lui. Médecine ,
Physique , Histoire-Naturelle , Botanique , on le
consultoit sur toutes les sciences (1). M. de Mairan
lui écrivit plusieurs fois pour avoir son avis & ses
observations sur des sujets importans, & les répon-
ses de M. Sanchès lui mériterent la place de Correspondant de l'Académie Royale des Sciences.

M. Sanchès, qui dans ses correspondances avoit
toujours été recherché le premier , fit à son tour les
avances à de nouveaux Correspondans. Il parvint à
force de peines & de soins à établir dans les sciences
une nouvelle branche de commerce en envoyant des

---

(1) M. Cook, Chirurgien célebre, & premier Chirurgien
des armées Russes, lui écrivit en 1740 que l'on trouvoit
dans la Perse, à Astracan, un sel nommé borek que l'on regardoit comme du borax naturel ; M. Sanchès parvint à s'en
procurer par un Marchand Arménien ; il en envoya en 1743
à M. Gmelin avec la vraie manne de Perse qui est toute dif-
férente de celle que nous connoissons dans le commerce. Le
borek , suivant le Marchand Arménien, se trouvoit aux envi-
rons de Bassora dans des puits dont on faisoit évaporer l'eau
dans des fosses faites exprès, il en résultoit un sel très blanc
& transparent, ce qui déroutoit les Naturalistes qui avoient
toujours vu le borax naturel onctueux, & d'un gris sale.
M. Gmelin soupçonna quelque supercherie ; mais en 1752 un
Chymiste célebre, (M. Théodore, Baron, Docteur-Régent
de la Faculté de Médecine de Paris, de l'Académie Royale
des Sciences , &c.) fit l'analyse de ce sel, & reconnut que ce
prétendu borax naturel , n'étoit qu'un peu de borax ordi-
naire mêlé avec un peu d'alkali semblable à celui qui fait
la base du sel marin , soit que ce mélange se fît naturelle-
ment dans les puits où on disoit qu'on le tiroit ; soit que ce
fût l'ouvrage de l'art & peut-être de la mauvaise foi. Quant
au seckinjabin ou à la manne de Perse, M. Gmelin y trouva
beaucoup de semences de la plante connue sous le nom
d'*Alhagi Maurorum*, il sema les graines quil everent, mais
malheureusement les jeunes plantes ne tarderent pas à se
flétrir.

livres d'Aftronomie aux Jéfuites de la Chine (1)
dont il recevoit des plantes rares, & des curiofités d'Hiftoire-Naturelle. Il les examinoit avec fes
amis; & lorfqu'un caillou, une fleur, avoient
paru flatter davantage la curiofité de l'un d'eux,
il ne manquoit jamais de les en gratifier; un pa-
reil préfent n'a de valeur que pour qui fait l'appré-
cier, & le mérite de celui qui reçoit tient lieu de
reconnoiffance aux yeux de celui qui donne.

Nommé Médecin de la Cour en 1740, fa premiere confultation y fut un oracle. *L'Impératrice*
étoit malade depuis huit ans & jufqu'alors on avoit
ignoré la caufe de fa maladie. M. Sanchès déclara
au Miniftre que la maladie provenoit d'une pierre
dans les reins, qu'il n'y avoit nul remede, ordonna
des palliatifs, & fix mois après fa prédiction fut
accomplie & vérifiée. L'Impératrice mourut, on
fit l'ouverture du corps, & on trouva la pierre.

Il devint bientôt premier Médecin de la Régente & du jeune Prince Iwan, dans un temps de
trouble où il ne tarda pas à prévoir qu'il pourroit
payer bien cher & fa célébrité & l'honneur de fe
voir fixé tout-à-fait à la Cour. Mais il fe crut né-
ceffaire auprès d'une Princeffe qui n'avoit confiance
qu'en lui, le traitoit avec une diftinction particuliere, & favoit employer utilement dans le même
homme le Savant & le Médecin.

La révolution de 1742, qui mit Elifabeth Pe-
trowna fur le trône de Ruffie, & plongea l'Empire
en de nouvelles calamités, fut auffi l'epoque du
malheur & des infirmités de M. Sanchès. Il fut témoin du fort déplorable de fa Bienfaitrice & du

____

(1) On a trouvé cette correfpondance parmi fes papiers.

jeune Prince auquel il étoit sincèrement attaché ; il leur avoit prêté serment de fidélité : & quand, semblable aux Courtisans qui l'environnoient, il auroit pu se croire relevé de son serment par l'infortune de la Régente & de son Pupille, il leur seroit encore resté fidele par reconnoissance pour leurs bienfaits. On connoissoit son attachement à leurs personnes ; on insultoit à sa droiture, & sa probité devenoit criminelle. M. Sanchès vit de près le triomphe des méchants, presque tous ses ennemis. Environné de leurs manœuvres perfides, sans cesse observé par leurs émissaires & portant par-tout un chagrin visible & une douleur muette, perdant chaque jour quelqu'un de ses amis les plus chers, soit dans les prisons, soit par l'exil, les tortures, & même les supplices, il échappa aux fureurs de la révolution ; mais sa prudence ne put lui épargner les ennuis & les chagrins cruels dont il fut la victime. Les *Adversaria*, auxquels il travailloit dans ce temps de trouble & de douleur, commencent par ces mots remarquables, la devise de Walsingham, Secrétaire de la Reine Elisabeth, *video & taceo.*

Il songeoit aux moyens d'obtenir sa retraite & n'attendoit qu'un moment favorable pour la demander, lorsqu'il fut appellé auprès du Duc d'Holftein, dangereusement malade ; il passa trente jours de suite au chevet de son lit, & le sauva. Une place de Conseiller d'Etat fut sa récompense, mais il en vouloit une autre plus difficile à obtenir, c'étoit sa retraite, il l'obtint cependant : ni les protecteurs les plus puissants qui lui restoient, ni le nombre diminué des amis qu'il avoit encore, entre lesquels on doit nommer le Grand EULER ; rien ne put le retenir. Il pouvoit regretter, après les sacrifices faits à l'amitié, celui d'une Bibliotheque de livres choisis de la valeur de 30000 liv. L'Académie de Petersbourg dont il venoit d'être nommé Associé-Honoraire, voulut profiter d'une occasion aussi favorable, & lui en fit une pension de 800 liv.

M. Sanchès ne tenoit plus à la Russie que par un devoir qui lui étoit cher, il ne voulut point en sortir avant d'y faire, par le crédit de ses amis, un établissement avantageux aux deux neveux de son Maître Boerhaave : il l'obtint, & partit.

. Il passa à Berlin où il eut l'honneur de saluer le Roi ; & malgré l'intérêt que la derniere révolution de Russie inspiroit alors, & la profonde connoissance que M. Sanchès devoit avoir de toutes les parties de l'administration & de l'état de cet Empire, il n'entretint le Roi de Prusse que de Physique & d'Histoire-Naturelle.

Il vint à Paris en 1747, âgé de 48 ans. L'amour des sciences devoit l'y retenir. Le savant Camille Falconet, qui devint bientôt son ami, & une quantité de Physiciens, de Gens de Lettres, & de Médecins illustres, le déterminerent à s'y fixer (1).

M. Sanchès continua de se livrer aux sciences, & à sa profession en vrai Philosophe. Il ne voyoit que ses amis, ses compatriotes, les Russes, les Savants & les pauvres. Ces derniers trouvoient chez lui les consultations & les remedes : Sa fortune suffisoit à peine à sa générosité. Mais les Gouvernemens de Russie & de Portugal vinrent au secours de sa bienfaisance (2).

---

(1) MM. d'Alembert, de Buffon, Diderot, d'Aubenton, Vallart, de Canaye, Pluquet, de Lisle, Messier, Cugnot, Murry, A. Petit, Lavirotte, Mac Mahon, Lorry, Thierry, &c. &c.

(2) Il avoit été oublié de la Russie pendant 16 ans. Le Géné-

La

La Matiere Médicale devint alors son étude favorite. Il aimoit à faire usage des remedes nouveaux lors qu'il s'étoit bien convaincu de leur utilité. Ce fut lui qui introduisit en France l'usage des fleurs de zinc, de la teinture de cantharides, de la racine de Colombo, & de celle de Jean Lopès de Pinheiro. Il commençoit par essayer sur lui-même l'effet des médicamens. Il en recommandoit ensuite l'usage à ses amis, parmi lesquels étoit M. Payen, Docteur Régent de la Faculté de Médecine de Paris, homme d'un mérite rare, bon observateur (1) & dont les idées sur la pratique de la Médecine sympathisoient singulièrement avec celles de M. Sanchès. Ce fut avec ce Médecin qu'il fit les épreuves de la terre de Maffra (2).

---

ral Betzkoi, son protecteur zélé, le rappella au souvenir de la Cour à l'avénement de Catherine II à laquelle le Médecin Portugais avoit sauvé la vie dans sa plus tendre jeunesse, & M. Sanchès reçut mille roubles de pension qui lui furent payés avec la plus grande exactitude jusqu'à sa mort.

La pension que lui faisoit le Portugal fut suspendue pendant quelque temps. S. E. M^r le Comte de Souza, Ambassadeur de leurs Majestés très Fideles, la fit rétablir avec solidité. Le Prince Galitzin voulut aussi devenir le bienfaiteur de son Médecin, & lui assigna une pension qui n'éprouva aucune interruption.

(1) Mort le 15 Juillet 1773.

(2) M. de Barros, Noble Portugais, avoit envoyé à Monsieur Sanchès 10 livres d'une terre qu'il avoit trouvée à Maffra, ville de Portugal, à 9 lieues de Lisbonne du côté du Nord dans une chaîne de montagnes, à deux lieues de la mer, où il y a une grande quantité de marbre noirâtre, (*Marmor cœruleum fœtidum*). Dans les interstices de ces masses de marbre brisées par le laps du temps, se trouvoit cette espece de terre calcaire qui paroît n'être qu'un marbre décomposé, d'après l'analyse qu'en firent, il y a quelques années, deux savans Chymistes, MM. la Borie & Bayen, Membres

M. Sanchès admiroit les progrès que la Chirurgie faisoit en France ; mais jamais Médecin n'a plus redouté l'occasion de donner à cet art nécessaire, mais cruel, les moyens de s'exercer. Une personne, âgée de 68 ans, portoit la sonde depuis six mois, M. Sanchès vint la voir, déclara qu'elle avoit une humeur dartreuse sur la vessie, fit ôter la sonde, & dans l'espace de trois jours elle fut rendue à la société. Un de ses amis avoit à la jambe un ulcere de mauvaise nature, & que M. Sanchès regardoit comme incurable. On avoit déterminé le malade à l'amputation ; l'opération devoit se faire ; le jour étoit pris. M. Sanchès seul ne pouvant s'y

du College de Pharmacie. Un d'eux pense y avoir trouvé en assez grande proportion outre la terre calcaire, l'espece de terre dite *terre pesante*. Cette terre, d'un blanc grisâtre, sans saveur, & absorbante, avoit guéri un cancer considérable qu'une femme portoit depuis long-temps, & qui avoit été regardé comme incurable. M. Barros avoit lui-même dirigé cette cure, & en avoit écrit à son compatriote. D'après son rapport on s'en servoit en topique à l'extérieur, & intérieurement depuis un demi gros jusqu'à un gros. M Payen ne tarda pas à trouver une femme sur laquelle l'expérience fut faite avec succès ; un cancer horrible qu'elle avoit à la jambe fut guéri dans l'espace de trois mois.

On fit deux autres essais, mais ils ne furent pas continués par l'inconstance des malades. M. Gaubius avoit demandé de cette terre à M. Sanchès. Il avoit même dessein d'en faire l'analyse par l'espérance où il étoit d'en trouver une semblable ailleurs, ou d'imiter par quelque composition l'ouvrage de la nature. M. Sanchès lui en envoya, mais il lui marqua en même temps qu'il y avoit eu des défenses de la Cour de Portugal de faire des envois de cette terre, & même de l'exploiter. Cette défense suspendit les expériences que l'on devoit continuer, mais on pourroit les tenter de nouveau en France, les savans Chymistes que nous venons de nommer connoissant plusieurs endroits où on trouve une terre semblable.

réfoudre, engagea fon ami à partir pour Louvain, & à fe mettre entre les mains d'un Chirurgien qui avoit fait des cures furprenantes en de pareilles maladies. Par ce confeil il épargna au malade, qui a vécu encore plufieurs années, les douleurs atroces d'une amputation inutile.

Ce n'étoit point par manie ou par foibleffe que M. Sanchès écartoit de fes malades le fer des Chirurgiens; il fut quelquefois le premier à confeiller des opérations douloureufes; & fi l'on eût déféré à fes avis lorfqu'il jugea que M. d'Alembert avoit la pierre, & qu'il lui confeilla de fe réfoudre à l'opération, la Philofophie & les Lettres n'auroient pas regretté fitôt la perte de l'illuftre Secrétaire de l'Académie Françoife.

M. Sanchès, au milieu des correfpondances qu'il entretenoit fans ceffe avec tous les Savans de l'Europe (1), fit imprimer plufieurs ouvrages (2),

______

(1) MM. Pringle, Fothergill, Gafp. Roderic de Paiva, Médecin à Rome, Manuel Joachim Enriquès de Paiva, Médecin & Profeffeur de Chymie à Coïmbre, Alvarès; Magellan, Correfpondant de l'Académie des Sciences à Londres, de Mertens, célèbre Médecin de Vienne.

(2) 1° Differtation fur l'origine de la maladie vénérienne, dans laquelle on prouve qu'elle n'a point été apportée d'Amérique; mais qu'elle a commencé en Europe par une épidémie. *Paris*, 1750, in-8, & avec un nouveau titre, Didot, 1765. Cet ouvrage a été traduit en Anglois par M. Caftro, Médecin de Londres.

2° Examen hiftorique fur l'apparition de la maladie vénérienne en Europe & fur la nature de cette épidémie. *Lisbonne*, 1774, in-8. (Ces deux differtations ont été réunies en un volume in-8, en 1777, *Leïde*. M. le Profeffeur Gaubius, qui a été l'éditeur de cette édition, y a ajouté une Préface dans laquelle il paroît incliner pour l'opinion de fon ami.)

3° Traité de la confervation de la fanté des peuples, ou-

& en composa un grand nombre d'autres qui sont
restés manuscrits (1). De plus il étoit consulté de

---

vrage également utile & nécessaire aux Magistrats, Capitai-
nes - Généraux de mer & de terre, Ecclésiastiques, & Pères
de familles ; avec des considérations sur les tremblemens de
terre & une notice de ceux qui ont été les plus considérables
& qui sont mentionnés dans l'Histoire, ainsi que des derniers
qu'on a éprouvés en Europe depuis le premier Novembre
1755.   in-4, & *Paris*, 1756, in-8, en
langue Portugaise, traduit en Espagnol en 1777. Les considérations sur les tremblemens de terre ont été traduites en
Italien en 1783 par M. Marcello Sanchès, Docteur en Médecine de Leide, frere de l'Auteur.

4ᶜ Méthode pour apprendre à étudier la Médecine, avec
les moyens propres à l'établissement d'une Université Royale
dans laquelle on enseignera toutes les sciences qui sont néces-
saires à l'Etat civil & politique. (En Portugais in-8. 1773.)
Ces deux ouvrages nᵒˢ 3 & 4 lui avoient été demandés par la
Cour de Portugal.

5.º M. Sanchès est auteur de l'article Maladie vénérienne
chronique, imprimé dans le Dictionnaire raisonné des Sciences & des Arts.

(1) 1º Pensées sur les effets de l'inoculation faite avec le
poison de la petite vérole en différentes maladies & particulièrement dans la maladie vénérienne.

2º Remarques sur l'ouvrage intitulé : Parallele de différentes méthodes de traiter la maladie vénérienne.

3.º Réflexions sur les maladies vénériennes.

4º De Curâ Variolarum Vaporarii ope apud Ruthenos
omni memoriâ antiquioris usu recepti.

5.º De l'origine des Hôpitaux 1772.

6º Du mariage des Prêtres.

7º Dissertation sur les passions de l'ame. (en Portugais.)
1753.

8º Dissertation sur les beaux arts, leur utilité, leurs incon-
véniens, leurs avantages, 1765.

9º Lettre adressée à l'Université de Moscow sur la méthode d'apprendre & d'enseigner la Médecine.

Instruction pour le Professeur qui enseignera la Chirurgie
dans les deux Hôpitaux de S. Pétersbourg.

10º Plan pour l'éducation d'un jeune Seigneur.

tous côtés pour donner son avis sur des maladies

11° Lettre sur les moyens de faire entrer un cours de morale dans l'éducation publique.

12° Origine de la dénomination de Chrétien ancien, & de Chrétien nouveau dans le royaume de Portugal, & des causes de la continuation de ces dénominations, ainsi que de la persécution des Juifs avec les moyens de faire cesser en peu de temps cette distinction entre les sujets d'un même Etat, ainsi que la persécution des Juifs, le tout pour la propagation de la Religion Catholique, & l'utilité de l'Etat. (En Portugais.)

13° Dissertation sur les moyens propres à gouverner & à conserver les conquêtes & les Colonies de Portugal. (en Port.)

14° Plan sur la maniere de nourrir & d'élever les enfans trouvés dans l'Hôpital de Moscow, 1764.

15° Traité sur le commerce de l'Empire de Russie, 1770.

16° Moyens pour conserver le commerce déjà établi en Russie & pour le faire fleurir à perpétuité, 1766.

17°. Moyens pour lier & attacher de plus en plus les Provinces conquises, à l'Empire de Russie de la même maniere que fit Auguste par rapport aux Provinces de son Empire, 1766.

18° Traité sur le rapport que les Sciences doivent avoir avec l'Etat civil & politique, appliqué à l'état présent de l'Empire de Russie, 1765.

19° Réflexions sur l'économie politique des Etats, appliquées particulièrement à l'Empire de Russie, 1767.

20° Réflexions sur l'état désavantageux des Laboureurs de Russie, des esclaves des Domaines & des Seigneurs ; lesquels souffrent les plus grandes charges de l'Etat de maniere qu'ils diminuent tous les jours en nombre, & font languir l'agriculture & les arts de premiere nécessité, avec des moyens propres à pouvoir recruter les armées de terre & de mer, sans y employer les Laboureurs, & récompenser les Soldats & les Officiers qui ont servi pendant 20 ans.

21° Projet pour l'établissement d'une Ecole d'agriculture.

22° Traité sur les moyens propres à augmenter le commerce de Russie.

23° Traité dans lequel on prouve que l'introduction d'une meilleure administration de la justice contribue à l'amélioration de la société.

graves ou fur des établiffemens utiles. (1). Il n'aimoit pas les titres & ne les rechercha jamais. Cependant, dans les dernieres années de fa vie, il fut
nommé Membre de l'Académie Royale de Lif-

24° Differtation dans laquelle on examine fi la ville ap-
pellée par les Romains Pez-Augufta, eft celle de Beja en
Portugal, ou celle de Pédajoz en Caftille.

25° Une fuite d'obfervations fur toutes les parties de la
Médecine, & principalement fur la pratique. Plufieurs de ces
obfervations font particulieres à M. Sanchès.

26 Moyens propofés pour l'établiffement d'un Tribunal &
d'un College de Médecine, afin que cette fcience foit toujours
utile au Royaume de Portugal, & aux Provinces qui en dé-
pendent. (En Portugais.)

27° Penfées fur le Gouvernement des Univerfités de Médecine, & des Médecins, 1754

28° Enfin on a trouvé parmi fes papiers, plufieurs Lettres rela ives à la Médecine & aux fciences qui lui ont été
adreffées par MM. Boerhaave, Lerch, Niths, Condoidi,
Vanfwieten, Gaubius, de Haller, Guntz, Schreiber, Amman, Weitbrecht, Abraham Kgau Boerhaave, Werlhoof,
d'Afche, Model, Camper, Lorry, Schœpflin, Goldbach,
Euler, Crücius, Sinopeus, de Stelhin. John Rogerfon, le
Bègue de Prefle.

(1) En 1752 la Faculté de Médecine de Strasbourg le
confulta fur un Cours de Chyrurgie Pathologique qu'elle
vouloit introduire dans fes Ecoles. M. Sanchès lui adreffa un
mémoire fur cet objet; fon plan fut adopté, & la Faculté
lui fit écrire par M. Schœpflin que M. Boecler correfpon-
droit directement avec lui; elle le pria en même temps d'ac-
cepter comme une marque d'eftime & de vénération les
planches anatomiques d'un double uterus qu'elle venoit de
faire graver En 1761 il envoya plufieurs mémoires aux premiers Médecins des Cours d'Efpagne & de Portugal, pour la
réforme des Univerfités de Salamanque & de Coïmbre; quoiqu'il ait toujours eu un très grand attachement pour fes maîtres, cet attachement étoit raifonnable, & ne s'étendoit pas
jufqu'aux abus qui régnoient dans les Univerfités où il avoit
étudié.

bonne, & Affocié Etranger de la Société Royale de Médecine. Il fit témoigner à cette derniere Compagnie les regrets qu'il avoit de ne pouvoir affifter à fes affemblées à caufe de fes infirmités, & de fon grand âge. Il voulut néanmoins donner des marques de fon zele, il rédigea un Mémoire fur l'ufage des bains Ruffes, qui a été imprimé dans le 3ᵉ volume des Mémoires de cette Compagnie; on y retrouve l'érudition & les connoiffances médicales, qui ont toujours caractérifé fes écrits. Cet ouvrage eft le dernier auquel il ait travaillé. Il vouloit encore s'occuper d'un Mémoire fur les vertus de l'eau froide appliquée extérieurement, & donnée intérieurement dans différentes maladies. Il le deftinoit à l'Académie de Lisbonne, mais il n'a pas eu le tems d'exécuter ce projet.

Depuis du tems M. Sanchès ne fortoit plus & cela lui coûtoit beaucoup. (1) Cependant en 1782 il rendit vifite au Comte du Nord. Ce jeune Prince, qui avoit tant entendu parler du mérite du Médecin Portugais (car c'étoit le nom qu'on lui donnoit en Ruffie,) témoigna le defir qu'il auroit de voir le vertueux M. Sanchès; il dit que s'il ne pouvoit pas venir chez lui, il iroit lui-même lui rendre vifite· M. Sanchès ranima toutes fes forces, fe rendit chez le Comte du Nord qui étoit alors à table; le Prince

---

(1) Il étoit en ufage de rendre des vifites à tous les Savans qui venoient le voir, (il n'en exceptoit pas même fes meilleurs amis malgré leurs repréfentations,) le nombre de ces Savans étoit confidérable, car il ne venoit à Paris aucun Ruffe, aucun Portugais de marque qui ne fe rendît chez M. Sanchès; tous venoient le voir non feulement comme un Médecin célebre, mais comme un homme rare, comme un homme verfé dans toutes les fciences : même dans la politique la plus profonde, & fur-tout comme un homme vertueux.

ſe léva, alla au devant de lui, le fit aſſeoir à ſa table. Ce vieillard, à la vue d'un Prince qui touchoit dè ſi près un trône ſur lequel il avoit vu s'élever tant d'orages, & dont la préſence lui retraçoit après trente ans, les ſouvenirs les plus tendres & les plus amers, ſe rappella cette longue époque de ſa vie, où dans un Royaume étranger, devenu pour ainſi dire ſa patrie, il avoit recueilli tant d'honneurs & laiſſé tant de regrets : ce vieillard ne put exprimer tous les ſentimens dont il étoit agité, & répondit aux marques d'affection que lui donnerent le Comte & la Comteſſe du Nord, par un torrent de larmes. M. Sanchès, après cette viſite intéreſſante, rentra chez lui pour n'en plus ſortir, & ce fut la Ruſſie qui reçut, dans la perſonne du Comte du Nord, ſes derniers adieux.

Il s'occupoit encore de la lecture de quelques livres favoris, tels qu'Horace, le Camoëns, Quintilien, Celſe, Arétée de Cappadoce, quelques ouvrages de ſon ancien Maître Burmann, & des livres anglois que lui envoyoit de Londres M. Magellan, ſon compatriote & ſon ami. Mais au mois de Septembre dernier il lui écrivit, ainſi qu'à ſon Libraire de Leipſik, de ne lui plus envoyer de livres: ainſi M. Sanchès annonçoit ſa fin prochaine ; il dit à ſes amis qu'il ne verroit pas commencer l'hiver. Il ceſſa dès lors tous les remedes dont il avoit fait uſage depuis trente ans & ſuivit ſeulement un régime pour calmer les douleurs que lui cauſoient de petites pierres qu'il rendoit par les urines, laiſſant à la nature le ſoin du reſte. Le 15 du même mois il fut attaqué d'une fievre continue avec des redoublemens, ſouffrit avec conſtance pendant trois ſemaines, vit approcher ſon dernier moment avec tranquillité, & mourut le 14 Octobre 1783.

M. Sanchès étoit d'une taille médiocre, avoit une physionomie spirituelle, des yeux petits mais vifs, un sourire fin qui sembloit dans la conversation être le garant de son intelligence, ou l'interprête de sa pensée. Il a toujours été simple dans ses habits, dans ses meubles; ce goût pour la simplicité le rendoit peut-être injuste dans son mépris pour les Médecins qui recherchent le faste & la parure. Il vécut toujours dans le célibat non par indifférence pour les femmes, mais par amour pour la liberté.

Il avoit une bibliotheque bien choisie qu'il a léguée par testament à M. Marcello Sanchès, son frere, comme lui disciple de Boerhaave, Docteur en Médecine de Leyde, résident à Naples où il s'est livré par goût à l'exercice de la Chirurgie. Quant à ses manuscrits & à ses papiers il en a disposé de son vivant en ma faveur.

M. Sanchès avoit toujours été d'une santé délicate. Un coup de pierre, qu'il reçut à la tête à l'âge de douze ans, l'avoit tenu dans un état de maladie & de souffrance jusqu'à l'âge de vingt-six. Alors menacé d'hypocondriacisme, ayant fait un voyage de Lisbonne à Gênes, il éprouva sur la mer, pendant toute la route, des vomissemens continuels qui produisirent sur son tempérament un effet extraordinaire: en débarquant à Gênes il se trouva guéri de tous ses maux, mais sa constitution étoit toujours restée la même, & trop foible pour supporter impunément la fatigue des voyages & l'excès de l'étude.

Depuis son séjour en Russie, les accidens (1), les

____

(1) En Russie, il avoit coutume de dormir dans une chambre dont le four étoit rempli de braise allumée, & le

maladies, & le genre des chagrins qu'il y avoit ef-
fuyés, augmenterent la foiblesse de son tempérament, ce qui lui fit éprouver avant qu'il eût atteint
sa cinquantieme année toutes les infirmités d'un
âge plus avancé (1). Mais on ne sera plus étonné
qu'il soit parvenu à un si grand âge, quand on saura
qu'il étoit son Médecin, qu'il trouvoit dans ses
connoissances en Médecine un supplément à ce que
lui refusoit sa constitution, & qu'enfin l'art avec lequel il a su prolonger son existence, peut entrer
dans l'éloge de sa vie.

M. Sanchès faisoit la Médecine selon les principes de son Maître Boerhaave. Il avouoit plus vo-
lontiers qu'il ne condamnoit les erreurs de ce grand
homme, & ne parloit qu'avec la plus grande vénération du *Restaurateur de la Médecine*, dont il
gardoit soigneusement le portrait.

Il avoit des amis dans toutes les sociétés savantes
de l'Europe, comme parmi un grand nombre de
Savans qui ne sont d'aucune société. Son amitié se

---

soupirail fermé. Un jour que le four s'étoit enfoncé, il se
forma des crevasses par lesquelles sortoit la vapeur du char-
bon; ce four étoit au pied de son lit, il s'éveilla avec les
douleurs les plus vives à la tête, criant de toutes ses forces,
mais ne pouvant articuler. On accourut, on ouvrit les fené-
tres; on lui jetta de l'eau froide sur le corps, on lui frotta
les jambes avec des liqueurs spiritueuses; ces moyens le rap-
pellerent à la vie, mais lui laisserent un spasme universel,
accompagné de suffocations fréquentes.

(1) Il diminuoit cet état de souffrance en prenant tous les
jours quelques laxatifs. Pendant plus de 20 ans la rhubarbe
de la Chine fut son remede favori : il en avoit toujours quelques morceaux qu'il laissoit fondre dans la bouche; mais
3 ans avant sa mort, son estomac ne pouvoit plus la supporter.
Il faisoit aussi un grand usage du beurre de cacao en supposi-
toires, & de frictions aux extrémités inférieures, soit avec
le liniment volatil, soit avec la teinture de cantharides.

plaisoit à donner à quelques uns d'entre eux des surnoms flatteurs. Il appelloit le célebre Antoine Petit, pour lequel il avoit une haute estime & une tendresse extrême, *le Divin Petit*, & plaçoit son portrait à côté de celui de *Boerhaave*.

La conversation de M. Sanchès étoit toujours intéressante, quelquefois vive & animée (1). Il n'aimoit pas la dispute, mais il se prêtoit avec plaisir à la discussion & citoit toujours à propos des faits intéressans pour appuyer au raisonnement solide. Comme son caractere le portoit plus à l'indulgence qu'à la sévérité ; & comme sa prévenance venoit moins du désir que de l'habitude de plaire à ses amis., son commerce étoit facile, doux, égal. Il étoit sujet dans sa vie domestique à des accès d'impatience & de vivacité ; mais il ne manquoit jamais de corriger sur-le-champ l'amertume d'un reproche injuste ou peu mérité, par un accueil plus doux qui laissoit voir ses regrets. On n'a su qu'après sa mort une grande partie de ses bonnes actions. Je n'en rapporterai qu'une. Il y a dix-huit ans qu'une personne qui venoit le consulter amena avec elle un enfant de trois ans. Cet enfant, que M. Sanchès avoit beaucoup caressé, ne voulut plus le quitter, & jetta des cris perçans quand on employa la violence pour l'em-

---

(1) M. Sanchès, même dans ses dernieres années, parloit avec toute l'action, tout le feu d'un homme de 30 ans, quand la conversation rouloit sur certaines matieres ; il suffisoit de nommer l'Inquisition pour monter sa vivacité. Témoin des malheurs & même des supplices que le Tribunal des Inquisiteurs avoit fait éprouver à quelques uns de ses amis & de ses parens, malgré la régularité de leur conduite, & la pureté de leur foi, il en gardoit un souvenir ineffaçable, & un ressentiment éternel. On trouve parmi ses manuscrits un petit ouvrage intitulé : *Pensées sur l'Inquisition : pour mon usage.*

porter. M. Sanchès offrit de garder la petite fille, l'adopta, en prit foin, & la fit élever dans un couvent ; & cette jeune perfonne vient d'apprendre la perte qu'elle a faite, & la fortune honnête que fon bienfaiteur lui a laiffée.

Telle a été la vie de M. Sanchès qui n'a jamais paffé un feul jour fans s'occuper du bonheur des hommes en général, & fans faire pour quelqu'un d'eux en particulier une action généreufe. Quel éloge pourrions nous ajouter à la légende que la Ruffie a mife autour des armes qu'elle a données à M. Sanchès, & qui repréfentent un foleil rayonnant.

Nec fibi , fed toti genitùm fe credere, mundo.

Lu & approuvé , ce 6 Décembre 1783. DE SAUVIGNY.

Vu l'Approbation, permis d'imprimer , ce 9 Décembre 1783.   LE NOIR.

CATALOGUE

DES LIVRES

DE FEU M. SANCHÊS.

THÉOLOGIE.

1 Novum Testamentum, græcè, cum versione interlineari, B. Ariæ Montani. 1602, in 8. baſ.

2 Biblia, interprete Sebaſtiano Caſtaglione. *Baſil.* 1554, in fol. v.

3 Biblia ſacra vulgatæ editionis. *Coloniæ*, 1679, 5 vol. in 18. v.

4 Philonis judæi Opera, gr. & lat. a Dav. Hoeſchelio edita. *Coloniæ Allobrogum*, 1613, in fol. parch.

5 Q. Sept. Fl. Tertulliani Apologeticus, edente Sig. Havercampo. *Lugd. Batav.* 1718, in 8, en cart.

6 M. Minucii Felicis Octavius, ex recenſione Jo. Daviſii. *Glaſguæ*, 1750, in 8, v.

7 Origenis contra Celſum libri octo. ejuſdem Philocalia gr. & lat. cum annotationibus Guill. Spenceri. *Cantabrigiæ*, 1658, in 4, v.

8 Luc. Coel. Cœcilii Lactantii Opera omnia, cum notis Jo. Lud. Bunemann. *Lipſiæ*, 1738, 2 vol. in 8, en cart.

9 Diſſertationum Lactantianarum Decades tres. *Romæ*, 1754, 3 vol. in 8. == L. C. Lactantii

de Opicio Dei liber, ex recenfione F. Ed. a S.
Xaverio. *Romæ*, 1754, in 8, baf.

10 Traité de la Morale des Peres de l'Eglife, par
J. Barbeyrac. *Amft.* 1728, in 4, v.

11 Recueil de différentes Pieces détachées, en
portugais, dont Queftion unica de Bautifmo.
Si los Santos Patriarchas Elias y Enoch eftan
bautizados, &c. in 4, parch.

12 Recueil de différentes Pieces, dont Sermao do
acto da Fe. pregado na cidade de Coimbra en
14 de Junho de 1699, pello D. Fr. Dom. Ba-
rata. *Evora*, 1717, in 4, parch.

13 Ph. a Limborch de Veritate Religionis chrif-
tianiæ amica Collatio cum erudito judæo. *Goudæ*,
1687, in 4, vel.

14 Phyfico-Theology, by Derham. *Lond.* 1714,
in 8, v.

15 Chriftianity as old as the Creation. *London*,
1730, in 4, v.

16 Several Tracts againft Popery : together with
the life of Don Alvaro de Luna, by M. Geddes.
London, 1715, in 8, v.

17 Tractatus Theologico-politicus, Auct. Ben.
de Spinofa. *Hamburgi*, 1670, in 4, v.

18 Ben. D. Spinofæ Opera pofthuma. 1677. in
4, v.

19 Confolaçam. as Tribulacoens de Yfraël, compofto por Samuel Ufque. *En Ferrare*, 5313, in
8, v.

JURISPRUDENCE.

Droit Canonique.

20 Cl. Fleury, Inftitutiones Juris Ecclefiaftici. *Mo-
guntiæ*, 1759, in 8, v.

21 Corpus Juris canonici, cum notis P. Lance-
lotti. 1650, in 4, v.

22 J. Henningii Boehmeri Jus Ecclesiasticum Pro-
testantium, usum hodiernum Juris Canonici
juxta seriem decretalium ostendens. *Halæ*, 1738,
7 vol. in 4, v.

23 Luc. Ant. Constantis de Jure Ecclesiasticorum
Liber. 1665, in 8, v.

24 Histoire du Droit public ecclésiastique françois, par M. de Burigny. *Lond.* 2 tom. rel. en
1 vol. in 4, v.

25 Exposition de la Doctrine de l'Eglise gallicane,
par rapport aux Prétentions de la Cour de Rome.
Geneve, 1757, 2 tom. en 1 vol. in 12. v.

26 Monomachia sobre as Concordias que fize-
ram os Reys com os Prelados de Portugal nas
duvidas da jurisdiçam ecclesiastica e temporal,
por Joze Franc. Mendes. *Lisboa*, 1738, in fol.
bas.

27 Constitutiones Societatis Jesu. *Romæ*, 1583,
in 8, m. cit.

Droit Civil.

28 De l'Esprit des Loix, par M. de Montesquieu.
Geneve, 1750, 4 vol. in 12, v.

29 Just. Henningii Boehmeri Introductio in Jus
publicum universale. *Francofurti*, 1758, in 8, v.

30 Sam. Puffendorf de Jure naturæ & gentium,
libri octo cum notis Barbeyracii. *Francofurti*,
1744, 2 vol. in 4, v.

31 Hug. Grotii de Jure Belli ac Pacis, libri tres,
cum notis Jo. Fred. Gronovii. *Amstelædami*,
1712, in 8, v.

32 Principes du Droit naturel & du Droit politi-

que, par Burlamaqui. *Geneve*, 1748, 2 vol. in 8, v.

33 Le Droit public de l'Europe, fondé sur les Traités, par M. l'Abbé de Mably. *Genevè*, 1764, 3 v. in 12, v.

34 Droit public de France, par l'Abbé de Fleury. *Paris*, 1769, 2 vol. in 12, baf.

35 Barn. Briffonii de Formulis & Solemnibus Populi Romani Verbis, libri octo. *Halæ*, 1731, in fol. vel.

36 Gabrielis Pereiræ de Caftro, Tractatus de manu regia. *Lugduni*, 1673, in fol. baf.

37 Gafp. Ziegleri de Juribus Majeftatis Tractatus. *Wittenbergæ*, 1698, in 4, v.

38 Las Siete partidas del fabio Rey Don Alfonfo el nono, con la Gloffa del Alonzo Diez de Montalvo. *En Lyon de Francia*, 1550, in fol. v.

39 Recopilacion de las Leyes deftos Reynos, hecha por mandado del Rey Don Phelippe quinto. *En Madrid*, 1723, 4 vol. in fol. baf.

40 Recopilacion de Leyes de los Reynos de las Indias. *En Madrid*, 1681, 4 vol. in fol. vel.

41 Ordenaçoes, e Leys do reyno de Portugal. *Lisboa*, 1727, 6 vol. in 12, m. cit.

42 Repertorio das ordenacoes do reyno de Portugal, compofto pelo Manoel Mendes de Caftro. *Coimbra*, 1743, in fol. m. cit.

43 Collecçao das Leyes promulgadas, e fentenças proferidas nas cofas da infame paftoral do bifpo de Coimbra, &c. *Lisboa*, 1769, in 4, br.

44 Eftatutos da univerfidade de Coimbra. *Lisboa*, 1772, 4 vol. in 4, br.

45 Inftruction de S. M. I. Catherine II, pour la Commiffion chargée de dreffer le projet d'un nouveau Code de Loix. en ruffe, en latin, en

allemand & en françois. *St. Pétersbourg*, 1770,
in 4, en cart.

46 A Code of gentoo Laws, or, ordinations of
the pundits, from a persian translation, made
from the original. *London*, 1777, in 8, en cart.

47 A Letter containing some remarks on his pre-
face to the Code of gentoo Laws, by G. Cos-
tard. *Oxford*, 1778, in 8, en cart.

SCIENCES ET ARTS.

PHILOSOPHIE.

Philosophes anciens & modernes.

48 Grammaire des Sciences philosophiques, trad.
de B. Martin. *Paris*, 1764, in 8, v.

49 Jo. Got. Heineccii Elementa Philosophiæ ratio-
nalis & moralis. *Francofurti*, 1745, in 8, v.

50 A System of moral Philosophy, by Fr. Hut-
cheson. *London*, 1755, 2 vol. in 4, v.

51 Jacob. Bruckeri Historia critica Philosophiæ.
Lipsiæ, 1742, 6 vol. in 4, v.

52 Miscellanea Historiæ Philosophicæ, a Jac. Bruc-
kero. *Aug. Vind*, 1748, in 8, v.

53 Jo. Bapt. Crispi de Ethnicis Philosophis caute
legendis Disputationes. *Romæ*, 1594, in fol.
parch.

54 Mercurii Trismegisti Pimandras, gr. & lat. stud.
D. Fr. Flussatis Candallæ. *Burdigalæ*, 1574, in
4, v.

55 Platonis Opera ex translatione Marsilii Ficini.
Lugduni, 1548, in fol.

56 Maximi Tyrii Dissertationes XLI, interprete
Dan. Heinsio. *Lugd. Bat.* 1607, in 8, v.

57 Aristotelis Opera, gr. & lat. *Aureliæ Allobro-*
gum, 1605, in fol. v.

58 Aristotelis Politicorum libri octo, gr. & lat.
cum paraphrasi Danielis Heinsii. *Lugd. Batav.*
1621, in 8, v.

59 Sexti Empirici Opera, gr. & lat. cum notis Jo.
Alb. Fabricii. *Lipsiæ*, 1718, in fol. v.

60 L. An. Senecæ Philosophi Opera omnia, ex
recensione And. Schoti. *Amstelodami*, *apud*
Elzev. 1659, 4 vol. in 12, v.

61 Antoniana Margarita, Opus nempe Physicis,
Medicis ac Theologis, non minus utile quàm
necessarium, per Gometium Pereyram. *Matriti*,
1749, 2 vol. in fol. vél.

62 Rad. Cudworthi Systema intellectuale hujus
universi, ex recensione Jo. Laur. Moshemii.
Lugd. Bat. 1773, 2 vol. in 4, bas.

63 Leviathan, by Thomas Hobbes. *Lond.* 1651,
in fol. v.

64 The philosophical Works of Bolingbroke.
London, 1754, 6 vol. in 8. v.

65 Recreaçao filosofica, ou Dialogo sobre a fi-
sophia natural para instruccao de Pessoas curio-
sas, por Th. Eug. Silvio. *Lisboa*, 1751, 7 vol.
in 12, v.

66 Aloysii Ant. Verneii Apparatus ad Philosophiam
& Theologiam, ad usum Lusitanorum adoles-
centium libri sex, *Romæ*, 1751, 3 vol. in 8,
en cart.

Ethique ou Morale, &c.

67 The Improvement of the mind, or a Supplement to the Art of Logick, by J. Watts. *Lond.*
1741, in 8, v.

68 Theophrasti Characteres , gr. & lat. edente Pet. Needham. *Lipsiæ* , 1759, in 12 ; en cart.

69 Epicteti Enchiridion , Cebetis Tabula , & Arriani commentarii in Epictetum , gr. & lat. *Cantabrigiæ* , 1655, in 8 , v.

70 Marci Antonini Imperatoris de Vita sua libri duodecim , gr. & lat. *Lugduni* , 1626, in 12 ; v.

71 I dodici libri di Marco Aurelio Antonino, Imperadore , traslati dal greco. *In Roma* , 1675, in 12 , v.

72 Libro aureo de Marco Aurelio, Emperador. *En Enveres* , 1546, in 16 , parch.

73 Ethice vetus & sapiens veterum latinorum sapientum , studio Mich. Neandri. 1585, in 12 , en cart.

74 An Essay on the History of civil Society, by Ad. Fergusson. *London* , 1768 , in 8 , v.

75 De la Sociabilité, par M. l'Abbé Pluquet. *Par.* 1767, 2 vol. in 12 , v.

76 The Spectator. *London* , 1753, 8 vol. in 12 , en cart.

77 Characteristicks , by Ant. Earl of Shaftesbury. *London* , 1733, 3 vol in 12 , v.

78 La Doctrine des Mœurs , par Gomberville. *Paris* , 1646 , in fol. fig. v.

79 H. Cardani de Utilitate ex adversis capienda libri quatuor. *Franikeræ* , 1648, in 8 , vél.

80 O Feliz independente do mundo e da fortuna, ou Arte de viver contento , pelo P. Th. de Almeida. *Lisboa* , 1779, 3 vol. in 12 , v.

81 The Preceptor, containing a general Course of Education. *London* , 1763, 2 vol. in 8, fig. v.

82 Lud. Septalii Opera omnia de Ratione familiæ cùm instituendæ tum gubernandæ, libri quinque *Venetiis* , 1752, in 4, bas.

(8)

83 Difcurfo fobre el fomento de la Induftria po-
pular. *Madrid*, 1774, 4 vol. in 12, vél. & v.

84 A Father's Legacy to his Daughters, by Dr.
Gregory. *London*, 1774. == Obfervations on
the Poiffon of Lead. by Th. Percival. *London*,
1774, in 12, en cart.

Politique.

85 Introduction à l'Etude de la Politique, des
Finances & du Commerce, par M. de Beau-
fobre. *Amfterd.* 1765, in 12, v.

86 Inftitutions politiques, par M. le Baron de
Bielfeld. *La Haye*, 1760, 2 vol. in 4, en cart.

87 Inftitutions politiques, par le Baron de Bielfeld. *Leyde*, 1767, 4 vol. in 8, v.

88 L'Ordre naturel & effentiel des Sociétés politiques. *Paris*, 1767, 2 vol. in 12, v.

89 L'Efprit des Maximes politiques, par M. Pec-
quet. *Paris*, 1757, in 4, v.

90 Jo. Frid. Reinhardi Animadverfiones Hifto-
rico-politicæ in Jufti Lipfii libros politicorum.
Francofurti, 1738, in 4, v.

91 Several Effays in political Arithmetick, by
W. Petty. *London*, 1755, in 8, v.

92 A Differtation on the parties. *London*, 1749,
in 8, v.

93 Jo. Bodini de Republica libri fex. *Parifiis*,
1586, in fol. v.

94 Abrégé de la République, de Bodin. *Londr.*
1755, 2 vol. in 12, v.

95 Difcours fur le Gouvernement, par Sidney.
La Haye, 1702, 3 vol. in 12, v.

96 Principes d'un bon Gouvernement, par M.

de Champagne. *Berlin*, 1768, 2 tom. en 1 vol. in 8, en cart.

97 Letters on the Spirit of Patriotifm : on the idea of a Patriot king, by Lord Bolingbroke. *London*, 1749, in 8, en cart.

98 Il vero Difpotifmo. *In Londra*, 1770, in 8, en cart.

99 An Inquiry into the Principles of political Œconomy, by Jam. Steuart. *London*, 1767, 2 vol. in 4, baf.

100 Meditazioni fulla Œconomia politica, edizione fefta. *Livorno*, 1772, in 8, en cart.

101 Opufcoli intereffanti l'Umanita, e il publico. in 8, en cart.

102 L'Ami des hommes, ou Traité de la population, par le Marquis de Mirabeau. *Avignon*, 1756, 6 tom. rel. en 2 vol. in 4, v.

103 Traité du Bonheur public, par Muratori. *Paris*, 1772, 2 vol. in 12, v.

104 Eclairciffements fur les Etabliffements publics, avec la defcription d'une nouvelle efpece de Tontine auffi favorable au public qu'utile à l'Etat, calculés fous la direction de M. Léonard Euler. *St. Pétersbourg*, in 4, br.

105 Idées d'un Citoyen fur les Befoins, les Droits & les Devoirs des vrais pauvres. *Par.* 1765, in 8, en cart.

106 A Candid hiftorical account of the hofpital for the reception of expofed and deferted Young Children. *London*, 1759, in 8, en cart.

107 Saggio fopra la Politica e la Legiflazione romana, del Conte B... di C. 1772, in 8, en cart.

Commerce & Finances.

108 Eléments du Commerce. *Paris*, 1754, 2 v. in 12, v.

109 Effai fur la nature du Commerce, par Cantillon. *Londres*, 1755, in 12, baf.

110 The univerfal Dictionary of trade and Commerce, by Malachy Poftlethwayt. *London*, 1766, 2 v. in fol. v.

111 Les Intérêts de la France, mal entendus dans les branches de l'Agriculture, &c. *Amfterdam*, 1756, 3 vol. in 12, v.

112 Effai fur l'état du Commerce d'Angleterre. *Londres*, 1755, 2 vol. == Effai fur les caufes du déclin du Commerce étranger de la Grande-Bretagne, 1757, 2 tom. rel. en 1 vol. en cart.

113 Britain's Commercial Intereft explained and improved, by Mal. Poftlethwayt. *Lond.* 1757, 2 vol. in 8, v.

114 Obfervations on the means of exciting a fpirit of national Induftry; chiefly intended to promote the Agriculture, Commerce, &c. of Scotland, by J. Anderfon. *Edinburgh*, 1777, in 4, en cart.

115 Batavia illuftrata: or, a view of the policy, and Commerce, of the united provinces by Anslow Burrish. *Lond.* 1728, 2 vol. in 8, en cart.

116 Difcurfos fobre los Comercios de las dos Indias, por Duarte Gomez, 1622, in 4, v.

117 Dialogues fur le Commerce des Bleds, par M. l'Abbé Galliany. *Londres*, 1770, in 8, baf.

118 Sur la Légiflation & le Commerce des Grains, par M Necker. *Paris*, 1775, in 8, en cart.

119 Réflexions politiques fur les Finances & le

Commerce. *La Haye*, 1738, 2 vol. == Examen
du livre intitulé Réflexions politiques , &c. *La
Haye* , 1740 , 2 vol. in 12 , en cart.

120 Essai sur la Richesse & sur l'Impôt. *Londres*,
1767, in 8 , v.

121 Traité de la Circulation & du Crédit. *Amst.*
1771, in 8 , v.

122 Della Moneta libri cinque. *In Napoli*, 1750,
in 4.

Métaphysique.

123 Sketches of the History of Man. *Edinburgh*,
1774, 2 vol. in 4 , en cart.

124 Disquisitions relating to matter and spirit ,
to which is added the History of the philosophical Doctrine concerning the Origin of the
soul , &c. by Jos. Priestley. *London* , 1777, 2
vol. in 8 , en cart.

125 Hartley's Theory of the Human mind , on
the Principle of the Association of ideas, &c.
by Jos. Priestley. *London* , 1775, in 8 , en cart.

126 Recherches sur l'Origine des Idées que nous
avons de la beauté & de la vertu. *Amsterdam*,
1749, 2 tom. rel. en 1 vol. in 8 , v.

127 Examen de ingenios para las Sciencias, por
Doctor Juan Huarte. *Leyde*, 1652, in 12, v.

128 Disquisitionum magicarum libri sex, Autore Mart. Delrio. *Lugduni*, 1612, in fol. vél.

Physique.

129 Elementa Physicæ , a Pet. Van Musschen-
broeck. *Lugd. Bat.* 1741, in 8 , v.

130 Introductio ad Philosophiam naturalem ,

Auctore P. Van Muſſchenbroeck. *Lugd. Bat.*
1762, 2 vol. in 4, fig. v.

131 Philoſophiæ naturalis primæ Lineæ, Auctore S. Chriſt. Hollmanno. *Gottinga*, 1753,
in 8, v.

132 Ocellus Lucanus de univerſi Natura, gr. &
lat. cum Commentario C. E. Vizzani. *Bononiæ*,
1646, in 4, parch.

133 Expoſition des Découvertes philoſophiques
de Newton, par Maclaurin, *Paris*, 1749, in
4, v.

134 The philoſophical Works of Rob. Boyle,
with Notes, by P. Shaw. *London*, 1738, 3 vol.
in 4.

135 Opuſculum Phil. Beroaldi de terræ Motu
& Peſtilentia. *Bononiæ*, 1505, in 4, v. f.

136 Georgii Agricolæ de Ortu & Cauſis Sub-
terraneorum libri quinque, &c. *Baſilea*, 1546,
in fol.

137 Tractato univerſale di tutti li Terrimoti
occorſi, & noti nel mundo, dal padre Philippo
da Secinora. *Nell Aquila*, 1652, in 4, parch.

138 A Diſcourſe on the Attraction of moun-
tains, by John Pringle. *London*, 1775, in 4,
en cart.

139 Eſſai ſur les Uſages des Montagnes, avec
une Lettre ſur le Nil, par E. Bertrand. *Zuric*,
1754, in 8, en cart.

140 Della vera Influenza degli aſtri, delle Sta-
gioni, e Mutazioni di Tempo, Saggio meteo-
rologico, di G. Toaldo. *In Padoua*, 1770, in
4, baſ.

141 Diſſertation ſur la Glace, par M. de Mairan.
Par. 1749, in 12, fig. v.

142 An Inquiry how far the vital and animal

Actions of the more perfect animals can be accounted for independent of the Brain, by Th. Simfon. *Edinburgh*, 1752, in 8, baf.

143 An Effay on the Vital and other involuntary Motions of Animals, by Rob. Whytt. *Edinburgh*, 1761, in 8, baf.

144 Philofophical Experiments and Obfervations of Dr. Rob. Hooke. *London*, 1726, in 8, v.

145 Experimental Effays upon different Subjects, by D. Macbride. *London*, 1764, in 8, v.

146 Experimental Effays on medical and philofophical fubjects, by David Macbride. *Lond.* 1767, in 8, en cart.

147 Philofophical, medical, and experimental Effays, by Th. Percival. *London*, 1776, 3 vol. in 8, en cart.

148 Experiments and Obfervations relating to various Branches of natural Philofophy, by Jof. Prieftley. *London*, 1779, 3 vol. in 8, en cart.

149 Experiments and Obfervations on different Kinds of Air, by Jof. Prieftley. *Lond.* 1774, in 8, en cart.

150 An hiftorical account of a new Method for extracting the foul Air out of Ships, with the Defcription of the Machines, by Sam. Sutton. *London*, 1749, in 8, v.

151 Statical Effays : containing vegetable Staticks, by Steph. Hales. *London*, 1731, 2 vol. in 8, fig. v.

152 Expériences fur les Végétaux, par J. Ingen-Houfz. *Paris*, 1780, in 8, en cart.

153 A familiar Introduction to the Study of Electricity, by Jof. Prieftley. *Lond.* 1768, in 4, v.

154 Effai fur l'Electricité naturelle & artificielle,

par le Comte de la Cepede. *Par.* 1781, 2 vol.
in 8, en cart.

155 Experiments and Observations on Electricity, by Benjam. Franklin. *London*, 1769, in 4, v.

156 The electrical Philosopher, by R. Lovett. *Worcester*, 1774, in 8, en cart.

157 Mémoire physique & médicinal montrant les rapports entre les phénomenes de la Baguette divinatoire, du Magnétisme & de l'Électricité. *Paris*, 1781, in 8, en cart.

158 The Miscrocope made easy, by H. Baker. *London*, 1743, in 8, fig. v.

159 Nouvelles Observations microscopiques, par M. Needham. *Par.* 1750, in 12, fig. en cart.

160 Nouvelles Recherches sur les Découvertes microscopiques, trad. de Spalanzani. *Paris*, 1769, in 8, baf.

Histoire naturelle.

161 Caii Plinii secundi Historiæ naturalis libri xxxvii, cum interpretatione & notis Joannis Harduini. *Parisiis*, 1723, 3 vol. in fol. v.

162 Traduction du 34, 35 & 36e Livre de Pline l'ancien, avec des notes par M. Falconet. *Amst.* 1772, in 8, en cart.

163 Histoire Naturelle générale & particuliere, avec la Description du Cabinet du Roi, par M. de Buffon & d'Aubenton. *Par.* 1749, 15 vol. in 4, fig. v. f. prem. édit.

164 Histoire Naturelle de M. de Buffon, contenant les Epoques de la nature, tom. 9 & 10. *Paris*, 1778, 2 vol. in 12, en cart.

(15)

165 A Philosophical account of the Works of
nature, by R. Bradley. *London*, 1721, in 4,
fig. v.

166 Dictionnaire d'Histoire Naturelle, par M.
Valmont de Bomare. *Paris*, 177), 9 vol.
in 8, v.

167 A general Chronological History of the Air,
Weather, Seasons, &c. in sundry places and
different times. *London*, 1749, 2 vol. in 8, v.

168 A System of Mineralogy, by A. Fred. Cronf-
tedt. *London*, 1770, in 8, v.

169 Minéralogie de Wallerius. *Paris*, 1753, 2
vol. in 8, v.

170 A Natural History of Fossils, by Em. Mendes da Costa. *London*, 1757, in 4, v. tom. 1.

171 Recueil de différens mémoires sur la Tour-
maline, par M. F. Ul. Th. Aepinus. *St. Petersbourg*, 1762, in 8, fig. v.

172 An Essay on Waters, by C. Lucas. *London*,
1756, 3 vol. in 8, en cart.

173 History of cold-bating, both ancient and
modern, by Ed. Baynard. *London*, 1722, 2
vol. in 8, v.

174 Aquilegio medicinal, em que se da noticia
das agoas de Caldas, de Fontes, &c. do reyno
de Portugal, pelo Franç. de Fonseca Henriques. *Lisboa*, 1726, in 8, v.

175 Observations on the Sulphur-Water, at
Croft, near Darlington, by R. Villan. *Lond.*
1782. == An Enquiry on putrid Fevers. *Lond.*
1782, in 8, en cart.

176 Scriptores rei rusticæ veteres latini, curante
Jo. Mat. Gesnero. *Lipsiæ*, 1735, in 4, bas.

177 The Principles of Agriculture and vegeta-
tion, by Francis Home. *London*, 1759, in 8,
bas.

178 The Semi-virgilian Husbandry, by M. Randall. *London*, 1764, in 8, v.

179 Pedacii Dioscoridæ Anazarbei Opera, gr. & lat. cum commentariis Marc. Vergilii. *Coloniæ*, 1529, in fol. v.

180 Pet. And. Matthioli Opera omnia. *Bafileæ*, 1674, in fol. fig. v.

181 Historia Plantarum universalis, Auctore Jo. Bauhino *Ebroduni*, 1651, 3 vol. in fol. fig. v. Le Frontispice du tom. prem. manque.

182 Historia Botanica-practica, Opus Jo. Bapt. Morandi. *Mediolani*, 1744, in fol. fig. v.

183 Car. Clusii rariorum Plantarum Historia. *Antverpiæ*, 1601, in fol. fig. v.

184 Mat. Tilingii curiosa Rhabarbari Disquisitio. *Francofurti*, 1679, in 4, fig. v.

185 Historia Fucorum Auct. Sam. Gott. Gmélin. *Petropoli*, 1768, in 4, fig. en cart.

186 Historia Plantarum quæ in Horto academico Lugd. Bat. crescunt. *Romæ*, 1727, in 12, v.

187 Index Plantarum quæ aluntur Berolini, in Horto Krausiano, Stud. C. L. Roloff. *Berolini*, in 8, fig. en cart.

188 Flora sibirica, sive Historia Plantarum Sibiriæ, Auct. D. J. G. Gmélin. *Petropoli*, 1768, tom. 3 & 4, 2 vol. in 4, fig. en cart.

189 Georgical Essays : in which the food of Plants is particularly considered. *London*, 1770, 4 vol. in 12, fig. v.

190 G. Martinii de similibus Animalibus & Animalium calore libri duo. *Londini*, 1740, in 8, v.

191 Pet. Artedi Ichthyologia, ex recognitione Car. Linnæi. *Lugd. Bat.* 1738, in 8, v.

192 Introduccion a la Historia Natural, y a la Geografia

Geografia fisica de España, por D. Guill. Bow-
les. *En Madrid*, 1775, in 4, baf.

193 Hiftoire naturelle & morale des Indes, trad.
de Jofeph Acofta, par Rob. Regnault. *Paris*,
1598, in 8, parch.

194 Gul. Pifonis de Indiæ utriufque re naturali
& medica libri XIV. *Amftelod.* apud *Elzevir.*
1658, in fol. fig. v.

195 The Natural Hiftory of Aleppo, and parts
adjacent. *London*, 1756, in 4, fig. v.

196 Hiftoire naturelle & morale des Ifles An-
tilles de l'Amérique. *Rotterdam*, 1658, in 4,
fig. v.

197 Effai fur l'Hiftoire Naturelle de la France
équinoxiale, par P. Barrere. *Paris*, 1741, in
12, gr. pap. v. f.

198 Julii Obfequentis & aliorum libri de Prodi-
giis. *Lugduni*, 1552, in 16, fig. vél.

199 Marcelli Malpighii Opera omnia. *Lugd.*
Bat. 1687, 2 tom. en 1 vol. in 4, fig. rel.

200 Recherches & Obfervations Naturelles de
Boccone. *Amfterdam*, 1674, in 8, fig. v.

201 Recueil de différentes Pieces fur la Phyfique,
l'Hiftoire Naturelle, & la Médecine. 4 vol.
in 8, en cart.

202 Mufeum Wormianum. *Amftelodami*, apud
Elzevirios, 1655, in fol. fig. v.

203 Catalogue des Curiofités qui compofent le
Cabinet de M. Davila. *Paris*, 1767, 3 vol. in
8, en cart.

B

MÉDECINE.

Introductions, Cours, Dictionnaires, &c. de Médecine.

204 Hiftory of the Origin of Medecine, by Jo. Coakley Lettfom. *London*, 1778, in 4, en cart.

205 Hiftoria Medicinæ a rerum initio ad annum urbis Romæ DXXXV. deducta, ftud. Jo. Henr. Schulzii. *Lipfiæ*, 1728, in 4, v.

206 Hiftoria Medicinæ univerfalis, Auct. And. Ot. Goelicke. *Françofurti*, 1717, 6 tom. rel, en 2 vol. in 12, baf.

207 Hiftoire de la Médecine, par Dan. Le Clerc. *La Haye*, 1729, in 4, v.

208 Hiftoire de la Médecine, par Freind. *Paris*, 1728, in 4, v.

209 Confpectus Hiftoriæ Medicorum chronologicus, confectus a Georgio Matthiæ. *Gottingæ*, 1761, in 8, baf.

210 Curieufes Recherches fur les Ecoles en Médecine, de Paris & de Montpellier, par Riolan. *Paris*, 1651, in 8, parch.

211 Idea Medicinæ Veterum. Jof. Beverovicius concinnavit. *Lugd. Bat.* apud *Elzevir.* 1637, in 8, vel.

212 Obfervations on the Duties and Offices of a Phyfician. *London*, 1770, in 8, v.

213 Medicus Veri amator. *Mofcua*, 1764, in 8, v.

214 An Inquiry into the Means of improving Medical Knowledge, by W. Hillary. *London*, 1761, in 8, v.

215 Herm. Contingii Introductio in universam Artem medicam. *Halæ*, 1726, in 4, v.

216 Institutiones medicæ ab H. Boerhaave. *Lugd. Bat.* 1734, in 12, v.

217 H. Boerhaave Prælectiones academicæ in proprias Institutiones rei medicæ, edidit & notas adjecit Alb. Haller. *Amstel.* 1742, 7 vol. in 8, v.

218 Herm. Boerhaave Methodus studii Medici, locupletata ab Alb. Haller. *Amstelod.* 1751, 2 tom. en 1 vol. in 4, v.

219 Corn. Pereboom Index Auctorum & Rerum methodi studii Medici H. Boerhaave. *Lugd. Bat.* 1759, in 4, v.

220 Metodo para aprender e estudar a Medicina, por Ant. Ribeiro Sanchés. 1763, in 8, br.

221 An Introduction to Physic and Surgery, by R. Brookes. *London*, 1754, in 8, v.

222 Principia Medicinæ, Auct. Franc. Home. *Edinburgi*, 1762, in 8, v.

223 A new and general System of Physic in theory and practice, by W. Smith. *London*, 1769, in 4, v.

224 Observations on the Abuse of Medecine, by Th. Withers. *London*, 1775, in 4, en cart.

225 Steph. Blancardi Lexicon medicum. *Lugd. Bat.* 1735, in 8, v.

226 Dictionnaire universel de Médecine, trad. de James, par Mrs Diderot, Eidous & Toussaint. *Paris*, 1746, 6 tom. rel. en 3 vol. in fol. bas.

227 A new medical Dictionary, by G. Motherby. *London*, 1775, in fol. v.

Médecins Grecs, Latins, &c.

228 Hippocratis Opera omnia gr. & lat. ex recensione Anutii Foesii. *Genevæ,* 1657, 2 vol, in fol. v. f.

229 Hippocratis Opera omnia, gr. & lat. cum notis variorum, ed. J. Ant. Vander Linden. *Lugd. Bat.* 1665, 2 vol. in 8, vel.

230 Hippocratis Opera omnia, gr. & lat. studio Steph. Mackii. *Viennæ Austriæ,* 1743, totum. en 1 vol. in fol. en cart.

231 Hippocratis Aphorismi, gr. & lat. curante An. Car. Lorry. *Parisiis,* 1759, in 16, v.

232 Hippocratis Aphorismi cum notis variorum, ex recensione Jo. Christ. Rieger. *Hagæ Comit.* 1777, 2 vol. in 8, en cart.

233 Hippocratis Aphorismi, gr. & lat. a J. Bapt. Lefebvre de Villebrune. *Paris.* 1779, in 12, v.

234 Hippocratis Coi Opuscula Aphoristica, gr. & lat. *Basileæ,* 1748, in 8, v.

235 Hippocratis de Humoribus purgandis liber, & de Diaeta acutorum libri tres, gr. & lat. ed. J. G. Gunz. *Lipsiæ,* 1745, in 8, en cart.

236 Tractatus de Philosophia Medici, sive Hippocratis liber de Honestate, gr. & lat. *Gottingæ,* 1740, in 4, en cart.

237 Magnus Hippocrates Cous Prosperi Martiani Medici notationibus explicatus. *Romæ,* 1626, in fol. v.

238 Les Oracles de Cos, ouvrage intéressant pour les jeunes Médecins, par M. Aubry. *Par.* 1776, in 8, en cart.

239 Galeni Opera omnia Victore Trincavellio interprete, cum Indice M. Brasavoli. *Venetiis,* 1625, 5 vol. in fol. v.

240 Aretæi Cappadocis de Cauſis & Signis acutorum & diuturnorum Morborum libri IV, gr.
& lat. edente Hermanno Boerhaave. *Lugd. Bat.*
1731, in fol. v.

241 Oribaſii Sardiani Collectorum medicinalium
libri XVII, Jo. B. Roſario interprete. *Pariſ.*
1555, in 8, en cart.

242 Alexandri Tralliani Medici libri XII, gr.
& lat. Jo. Guinterio interprete. *Baſileæ,* 1556,
in 8, en cart.

243 Pauli Æginetæ Medici Opus divinum, Al-
bano Torino interp. *Baſilea,* 1532. = Ejuſdem
de Chirurgia liber. *Baſilea,* 1533, in fol.

244 Artis Medicæ Principes, ex recenſione Alberti de Haller. *Lauſannæ,* 1769, 5 vol. in 8, v.

245 Cornelius Celſus de Medicina. *Venetiis,*
Joannes Rubeus, 1493, in fol.

On trouve au bas de la premiere page une
Note écrite de la main de M. Sanchés.

Optima Editio, empta anno 1743 non vili
pretio R. Sanches M. D. *Pariſiis.*

246 Aur. Corn. Celſi de Re medica libri VIII.
Lugduni, 1542, in 8, en cart.

Cet Exemplaire a appartenu à P. Pithou, il
eſt rempli de Notes marginales.

247 Aur. Corn. Celſi de Medicina libri VIII,
cum Notis variorum, curante Th. Janſ. ab Almeloveen. *Lugd. Bat.* 1730, in 12, vel.

248 Aur. Corn. Celſi de Medicina libri octo cum
notis variorum, curante T. J. ab Almeloveen.
Lugd. Bat. 1746, in 8, baſ.

249 A. Corn. Celſi de Medicina libri octo, cum
notis variorum, ed. Car. Chriſt. Krauſe. *Lipſiæ,*
1766, in 8, v.

250 Della Medicina di Aurelio Cornelio Celſo

libri otto, trad. por l'Abate Chiari. *In Venezia,* 1747, in 8, en cart.

251 A. Cornelius Celfus of Medicine in VIII books, tranflated by J. Greive. *London,* 1756, in 8, v.

252 Jo. Rhodii de Acia Differtatio ad Corn. Celfi Mentem. *Patavii,* 1639, in 4, v. f.

253 Cœlii Aureliani de Morbis acutis & chronicis libri VIII, cum notis Th Janff. ab Almeloveen. *Amftelodami,* 1722, in 4, v.

254 Q. Sereni Samonici de Medicina præcepta faluberrima, ex recenf. Rob. Keuchenii. *Amftel.* 1662, in 8, v.

255 Jo. Mariæ Lancifii Opera varia. *Venetiis,* 1739, 2 tom. rel. en 1 vol. in fol.

256 Jo. Gorræi Medici Opera. *Parifis,* 1622, in fol. v.

257 Jo. Fernelii univerfa Medicina, cum notis Jo. Heurnii. *Traj. ad Rhen.* 1656, in 4, v.

258 Gul. Ballonii Opera omnia medica, ftudio M. Jac. Thevart. *Venetiis,* 1734, 2 vol. in 4, baf.

259 Lazari Riverii Opera medica univ. *Genevæ,* 1737, in fol. v.

260 Guil. Harveii Opera omnia, a Collegio Medicorum Londinenfi edita. 1766, in 4, v.

261 Th. Willis Medicinæ Doctoris Opera omnia. *Geneva,* 1695, 2 tom. en 1 vol. in 4, baf.

262 Th. Sydenham Opera omnia. *Lugd. Batav.* 1726, in 8, v.

263 The entire Works of Dr. Th. Sydenham. *London,* 1763, in 8, v.

264 Petri Forefti Medicinæ Doctoris Opera omnia. *Rothomagi,* 1653, 4 tom. rel. en 2 vol. in fol. en cart.

Il manque 2 feuillets au Tome 3, & 2 feuillets dans l'Index.

265 Jo. Ant. Vander Linden selecta Medica. *Lugd. Bat.* 1656, in 4, v.

266 Guil. Fab. Hildani Medici Opera omnia. *Francofurti*, 1682, in fol. vel.

267 Octaviani Horatiani rerum medicarum libri IV. === Albucasis Chirurgorum principis libri tres. *Argentinæ*, 1532, in fol. v.

268 Fr. Sanchez Opera medica. *Tolosæ*, 1636, 2 vol. in 4, v.

269 Nic. Leoniceni Medici Opuscula. *Basileæ*, 1532, in fol. vel.

270 Laurentii Bellini Opuscula medica. *Lugduni Bat.* 1696, in 4, v.

271 Jo. Fantoni Opuscula medica. *Genevæ*, 1738, in 4, v.

272 H. Boerhaave Opuscula. *Hagæ Comitum*, 1738, in 4, en cart.

273 Corn. Alb. Kloekhof Opuscula medica. *Traj. ad Rhen.* 1747, in 8, baf.

274 Jo. Zach. Platneri Opuscula. *Lipsiæ*, 1749, in 4, v.

275 Dan. Wil. Trilleri Opuscula medica. *Francofurti*, 1766, 2 tom. rel. en 1 vol. in 4, baf.

276 Rud. Aug. Vogel Opuscula medica selecta. *Gottingæ*, 1768, in 4, en cart.

Traités de Physiologie, ou des différents Tempéraments, Usages, &c. du Corps humain.

277 An Introduction to Physiology, by Malcolm Fleming. *London*, 1759, in 8, v.

278 Alb. V. Haller primæ Lineæ Physiologiæ. *Gottingæ*, 1751, in 12, v.

279 Phyfiological Effays, by Rob. Whytt. *Eding-burgh*, 1761, in 12, v.

280 Frid. Bern. Albini de Natura hominis Libellus. *Lugd. Bat.* 177 , in 8, en cart.

281 Confidérations fur les Corps organifés, par C. Bonnet. *Amfterdam*, 1762, 2 tom. en 1 vol. in 8, v.

282 De Princip. animalibus Exercitationes XXIV a Guill. Battie. *Londini*, 1757, in 4, v.

283 Difficultates circà Modernorum Syftema de Senfibilitate & Irritabilitate humani Corporis, propofitæ ab Ant. de Haen. *Viennæ Auftriæ*, 1761, 2 vol. in 8, en cart.

284 Analyfe des Fonctions du Syftéme nerveux, par M. de la Roche. *Geneve*, 1778, 2 vol. in 8, en cart.

285 Th. Schwencke, Hæmatologia, five Sanguinis Hiftoria. *Hagæ C. mit.* 1743, in 8, v.

286 An Enquiry into the moving powers employed in the Circulation of the Blood, by And. Wilfon. *London*, 1774, in 8, en cart.

287 Bern. Siegfried Albini Differtatio de Arteriis & Venis Inteftinorum hominis. *Leydæ*, 1736, in 4, baf.

288 Jo. de Gorter de Perfpiratione infenfibili. *Lugd. Bat.* 1736, in 4, en cart.

289 The Natural Hiftory of the human Teeth, by J. Hunter. *London*, 1771. === The Natural Hiftory of the Tea-tree, by J. Coakley Lettfom. *London*, 1772, in 4, fig. v.

290 A practical Treatife on the Difeafes of the Teeth, intended as a Supplement to the Natural Hiftory of thofe parts, by J. Hunter. *London*, 1778, in 4, en cart.

*Traités diætétiques & hygiaftiques du Régime de
vie, &c.*

291 The Hiftory of Health, and the Art of preferving it, by J. Mackenzie. *Edinburgh*, 1760,
in 8, v.

292 Selecta Diætetica, feu de recta ac conveniente
ad Sanitatem vivendi ratione Tractatus. Auct.
Conr. B. Behrens. *Francofurti*, 1710, in 4, v.

293 Avis au Peuple fur fa Santé, par M. Tiffot.
Paris, 1770, in 12, baf.

294 Tratado da confervaçao da Sande dos Povos,
por Ant. Ribeyro Sanchés. *Em Paris*, 1756,
in 8, baf.

295 Tratado da confervaçao da Sande dos Povos,
por Ant. Ribeyro Sanchés. *Lisboa*, 1757, in 4,
en cart.

296 An Effay on the means of preferving the
Health of Seamen, by J. Lind ; and others
Treatife, by the fame. *London*, 1774, 3 vol.
in 8, en cart.

297 Lud. Nonnii de re cibaria libri IV. *Antverpiæ*,
1646, in 4, vel.

298 An Effay concerning the Nature of Aliments,
and the Choice of them, by Jo. Arbuthnot.
London, 1732, in 8, v.

*Traités de Pathologie, ou des Maladies & Affec-
tions du Corps humain, & des Remedes qui leur
font propres.*

299 Inftitutiones Pathologiæ medicinalis, Auct.
H. D. Gaubio. *Leidæ*, 1758, in 8, vel.

300 Inſtitutiones Pathologiæ medicinalis, Auct. H. D. Gaubio. *Leidæ*, 1763, in 8, v.

301 De cognoſcendis & curandis præcipuè internis humani Corporis Morbis libri tres, Opera Nic. Piſonis. *Francofurti*, 1580, in fol. v.

303 Aphoriſmi de cognoſcendis & curandis Morbis, ab H. Boerhaave. *Lugd. Batav.* 1737, in 12, v.

304 Ger. Van Swieten Commentaria in H. Boerhaave Aphoriſmos de cognoſcendis & curandis Morbis. *Lugd. Bat.* 1742, 5 vol. in 4, baſ.

305 Praxis medica, ſeu Commentarium in Aphoriſmos H. Boerhaave, de cognoſcendis & curandis Morbis. *Traj. ad Rhen.* 1745, 7 vol. in 8, en cart.

306 Aphoriſmi de cognoſcendis & curandis Morbis, a Guil. Battie. *Londini*, 1760, in 4, v.

307 Synopſis Noſologiæ methodicæ, a Guil. Cullen. *Lugd. Bat.* 1772, in 8, en cart.

308 Alb. Halleri Opuſcula pathologica. *Lauſann.* 1755, in 8, fig. baſ.

309 Medica ſacra, ſive de Morbis inſignioribus qui in Bibliis memorantur commentarius. Auct. R. Mead. *Londini*, 1749, in 8, en cart.

310 Proſp. Alpini Medicina Ægyptiorum, &c. *Lugd. Bat.* 1745, in 4, v.

311 Medicina Luſitana, pelo Doctor Franc. da Fonſeca Henriques. *Em Amſterdam*, 1731, in fol. v.

312 Ant. de Haen Ratio medendi in noſocomio practico vindobonenſi. *Lugd. Batav.* 1761, 17 vol. in 8, rel. en 14 vol. v.
Manque le Tome 12.

313 Pathologia Auſtriaca. *Viennæ*, 1736, in 4, en cart.

314 Societatis medicæ Hauniensis Collectanea. *Hauniæ*, 1774, 2 vol. in 8, en cart.

315 Th. Bartholini acta medica & philosophica Hafniensia, anni 1671 & 1672. *Hafniæ*, 1673, 2 vol. in 4, fig. v. & vel.

316 J. H. Lange Tentamen de Remediis Brunsvicensium domesticis. *Brunsvigæ*, 1765, in 12, en cart.

317 The London practice of Physic. *Lond.* 1769, in 8, en cart.

318 The modern Practice of the London Hospitals. *London*, 1764, in 12, baf.

319 Medicinæ Compendium in usum exercitationis domesticæ, digestum a Jo. de Gorter. *Lugd. Batav.* 1735, 2 tom. en 1 vol. in 4, en cart.

320 Domestic Medicine, or a Treatise on the prevention and cure of Diseases by regimen and simple medicines, by W. Buchan. *London*, 1772, in 8, en cart.

321 Institutions of Medicine, by W. Cullen. *Edinburgh*, 1777, 2 tom. en 1 vol. in 8, baf.

322 Rich. Mead Monita & Præcepta medica. *Londini*, 1773, 2 tom. en 1 vol. in 8, en cart.

323 Prosperi Alpini de præsagienda Vita & Morte Ægrotantium libri VII. *Francofurti*, 1754, in 4, en cart.

324 Conspectus Therapiæ, Auct. D. J. Junckero. *Halæ*, 1750, in 4, v.

325 H. Dav. Gaubii Libellus de Methodo concinnandi Formulas Medicamentorum. *Lugd. Bat.* 1752, in 8, en cart.

326 Formulæ medicinales cum Indice Virium, editæ a Jo. de Gorter. *Amstelodami*, 1755, in 8, v.

327 Ars medendi, five Doſes & Vires Medicamentorum. *Londini*, 1760, in 8, v.

328 A ſelect Body of the moſt uſeful, accurate,
and elegant Medicines, by J. Ball. *Lond.* 1779,
in 12, v.

329 Jo. Nic. Pechlini de purgantium Medicamentorum Facultatibus Exercitatio. *Amſtelod.*
1702.══Ejuſdem de Aeris & Alimenti Defectu,
& Vita ſub aquis Meditatio. *Kilonii*, 1676, in
12, vel.

330 The Uſe of ſea Voyages in Medicine, by
Ebenezer Gilchriſt. *London*, 1757, in 8, v.

331 An account of the ancient Baths, and their
Uſe in Phyſic, by Th. Glaſſ. *London*, 1752, in
8, baſ. ══ Obſervations on the Virtues and
Operations of Medicines, by B. Robinſon.
London. 1752, in 8, baſ.

332 Do Uſo, e Abuſo das minhas agoas de In-
glaterra, por J. de Caſtro Sarmento. *Em Lond.*
1756, 2 vol. in 8, v.

333 An Enquiry into the contents, Virtues and
Uſes, of the Scarborought Spaw-waters, by
Pet. Shaw. *London*, 1734, in 8, v.

334 De Tabe glandulari, ſive de Uſu Aquæ ma-
rinæ in Morbis Glandularum Diſſertatio, Auct.
Rich. Ruſſel. *Oxonii*, 1750, in 8, fig. v.

335 Recherches ſur les Remedes capables de diſ-
ſoudre la Pierre & la Gravelle. *Paris*, 1775, in
8, en cart.

336 De Venenis libri tres, Auct. Chriſt. God.
Stentzelio. in 4, v.

337 A Mechanical account of Poiſons, in ſeveral
Eſſays, by Richard Mead. *London*, 1745, in
8, v.

338 Preſtwich's Diſſertation on mineral, animal,

and vegetable Poifons. *London*, 1775, in 8, fig.
en cart.

339 Differtatio medica de Emeticorum Ufu in
variis Morbis tractandis. Auct. Jo. Fotthergill.
Edinburgi, 1736, in 4, en cart.

340 Obfervations on Antimony, by J. Millar.
London, 1774. = Some Thoughts on the Nature of Fevers, by J. Curry. *London*, 1774, in
8, en cart.

341 Ant. Storck Libellus quo demonftratur Ci-
cutam non folùm ufu interno tutiffimè exhiberi,
fed & effe fimul Remedium valdè utile in mul-
tis Morbis, &c. & alia Opera. *Vindobonæ*,
1761, 5 vol. in 8, v.

342 Obfervations & Recherches fur l'Ufage de
l'Aimant en Médecine, par Meffieurs Andry
& Thouret. *Paris*, 1782, in 4, en cart.

Matiere médicale.

343 An experimental Hiftory of the materia Medica, by W. Lewis. *London*, 1761, in 4, v.

344 H. Boerhaave Libellus de Materia medica.
Lugd. Batav. 1727, in 12, v. cum notis MSS.
Dom. R. Sanchés.

345 Materia medica, Auct. Dav. de Gorter.
Amftelodami, 1740, in 4, en cart.

346 Tractatus de Materia medica, Auct. Steph.
Franc. Geoffroy. *Parifiis*, 1741, 3 vol. in 8, v.

347 Matiere médicale extraite des meilleurs Au-
teurs, & des Leçons de M. Ferrein. *Par.* 1770,
3 vol. in 12, v.

348 Matiere médicale tirée d. Halleri Hiftoria
Stirpium. *Berne*, 1776, 2 vol. in 8, brc.

Médecine pratique.

349 Elements of the Practice of Physic, by G.
Fordyce. *London*, 1770, 2 vol. in 8, v.

350 Elements of the Practice of Physic, by J.
Gregory. *London*, 1774, in 8, en cart.

351 Jo. de Gorter Praxis medicæ Syſtema. *Har-
dervici*, 1750, in 8, v.

352 A methodical Introduction to the Theory
and Practice of Physic, by D. Macbride. *Lond.*
1772, in 4, en cart.

353 Firſt Lines of the Practice of Physic, by Wil.
Cullen. *Edinburgh*, 1777, 3 vol. in 8, v.

354 Commentaries on the Principles and Practice of Physic, by J. Makittrick. *Lond.* 1772,
in 8, en cart.

355 D. P. H. G. Moehringii Hiſtoriæ medicinales,
Praxim medicam illuſtrantes. *Amſtelod.* 1761,
in 8, v.

356 The modern Practice of Physic, by R. James.
London, 1746, 2 vol. in 8, v.

357 The modern Practice of Physic, by John
Ball. *London*, 1768, 2 vol. in 8.

358 Modern Improvements in the Practice of
Physic, by H. Manning. *London*, 1780, in 8,
en cart.

359 G. Baglivi Opera omnia medico-practica.
Venetiis, 1721, in 4, v.

360 Medical Eſſays relating to the Practice of
Physic and Surgery. *Lond.* 1745, 2 vol. in 8, v.

361 Illuſtraçao Medica, Theorico-practica, por
Duarte Rebello de Saldanha. *Lisboa*, 1761, 2
vol. in 8, v.

362 Sylloge ſelectiorum Opuſculorum Argumenti

Medico-practici, collegit Ern. God. Baldinger.
Gottingæ, 1776, 6 vol. in 8, en cart.

363 S. A. D. Tiſſot Epiſtolæ Medico-practicæ.
Lauſannæ, 1770, in 12, v.

Traités ſur les Maladies des Nerfs, la Mélan-

cholie, &c.

364 H. Boerhaave Prælectiones academicæ de
Morbis Nervorum. *Lugd. Bat.* 1761, 2 vol. in
12, v.

365 A Treatiſe of nervous diſeaſes of all Kinds,
by G. Cheyne. *London*, 1735, in 8, v.

366 De Melancholia & Morbis melancholicis,
Auct. A. Car. Lorry. *Pariſiis*, 1765, 2 tom. rel.
en 1 vol, in 8, v.

367 De Morbis nobilioris Animæ Facultates ob-
ſidentibus libri tres, Curtio Marinello Auctore.
Venetiis, 1615, in 4, v.

368 Corn. Alb. Kloelkhof de Morbis Animi
Diſſertatio. *Traj. ad Rhen.* 1753, in 8, v.

369 A new Syſtem of the Spleen, Vapours, and
Hypochondriack Melancholy, by Nic. Robinſon. *London*, 1740, in 8, v.

370 Neuropathia, ſive de Morbis hypochon-
driacis, & hiſtericis libri tres, Poëma medicum,
Auct. Flemyng. *Amſtelodami*, 1741, in 8, v.

371 Les Vapeurs & Maladies nerveuſes, hypo-
condriaques ou hiſteriques, trad. de M. Whitt,
par M. le Begue de Preſle. *Paris*, 1767, 2 vol.
in 12, v.

372 Obſervations on the Nature, Cauſe and Cure
of thoſe Diſorders called Nervous hypochon-
driac, or hyſteric. *Edinburgh*, 1775, in 8, v.

373 Chrift. Lud. Bilfingeri de Tetano liber. *Lin-
davie* , 1763, in 4 , en cart.
374 Wenceflaï Trnka de Kr'zowitz , Commentarius de Tetano. *Vindobona* , 1777, in 8 , en
cart.

Traités fur les Maladies de la Poitrine , &c.

375 Obfervations on the Afthma , and on the
Hooping Cough ; by John Millar. *London* ,
1769 , in 8 , v.
376 A Treatife on the King-cough , by W. Butter.
London , 1773 , in 8 , en cart.
377 A radical and expeditious cure for a recent
Catarrhous cough , by J. Mudge. *Lond.* 1778 ,
in 8 , en cart.

Traités fur les Maladies du Bas-ventre..

378 De Colica Pictonum Tentamen , Auct. Jo.
Grashuis. *Amftelodami* , 1752 ; in 8 , v.
379 An Effay on the Autumnal Dyfentery , by
And. Wilfon. *London* , 1777. == Obfervations
on Chronic Weaknefs , by T. Withers. *York* ,
1777, in 8 , en cart.
380 A Treatife on Biliary Concretions , by Th.
Coe. *London* , 1757, in 8 , baf.
381 A Treatife on the three different Digeftions ,
and Difcharges of the human Body , by Ed.
Barry. *London* , 1759, in 8 , v.

Traités fur les Fievres & fur le Pouls.

382 An Effay on Fevers , and their various Kinds ,
by J. Huxham. *London* , 1750, in 8 , v.
383 Tratado

383 Tratado completo de Calenturas, por D. Luis
Jo. Pereyra. *En Madrid*, 1768, in 4.

384 Th. Glass Commentarii XII de Febribus
Amstel. 1743, in 8, baf.

385 Reflections on the general Treatment and
Cure of Fevers. *London*, 1772, in 8, en cart.

386 Instruccion curativa de las Calenturas cono-
cidas con el nombre de Tabardillo, por D. Jof.
Amar. *Madrid, Ibarra*, 1775, in 4, baf.

387 Car. de Mertens Observationes medicæ de
Febribus putridis, &c. *Vindobona*, 1778, in
8, v.

388 De Victûs Ratione in Febre acuta continua.
Auct. Petro de Rotundis. *Roma*, 1749, in 4,
vel.

389 Francif. Torti Therapeutice fpecialis ad Fe-
bres periodicas perniciofas. *Venetiis*, 1732, in
4, fig. v.

390 Practical Obfervations on the Cure of Hec-
tic and flow Fevers, by M. Griffith. *London*,
1776, in 8, en cart.

391 A Treatife on the puerperal Fever, and a
rational Method of Cure propofed, confirmed
by experience, by Nat. Hulme. *London*, 1772,
in 8, en cart.

392 Differtatio medico-practica de Febre pete-
chiali. *Lugd. Bat.* 1773, in 4, baf.

393 An Enquiry into the nature, rife and pro-
grefs of the Fevers moft common in London,
by W. Grant. *London*, 1771, in 8, en cart.

394 Hiftoria Febris anomalæ batavæ, annorum
1746 - 1748, Auct. Jac. Grainger. *Edinburgi*,
1763, in 8, en cart.

395 Jo. Caii de Ephemera britannica liber. *Londini*, 1721, in 8, en cart.

C

396 Traité des Fievres de l'Isle de St. Domingue, par M. Poiffonnier. *Paris*, 1780, in 8, en cart.

397 New and extraordinary Obfervations concerning the Prediction of various Crifes by the Pulfe, by James Nihell. *Lond.* 1741, in 8, v.

Traités fur les Maladies aiguës.

398 Morborum acutorum & chronicorum quorundam Obfervationes. *Dublinii*, 1746, in 8, v.

399 Œconomia Naturæ in Morbis acutis & chronicis Glandularum, Auct. R. Ruffel. *Londini*, 1758, in 8, v.

400 D. Henr. Meibomii de Abfceffuum internorum Natura & Conftitutione Difcurfus. *Drefdæ*, 1718, in 4, v.

401 The Doctrine of Inflammations, by D. Magenife. *London*, 1768. == Obfervations on the Dropfy in the Brain, by Rob. Whytt. *London*, 1768, in 8, en cart.

402 Jof. Quarin Methodus medendarum Inflammationum. *Vindobonæ*, 1774, in 8, en cart.

403 Dan. Wilh. Trilleri Commentatio de Pleuritide ejufque curatione. *Francofurti*, 1740, in 8, baf.

404 Medicina dogmatica tres Morbos particulares, Delirium, Vertiginem, & Tuffim exhibens, Auct. Jo. de Gorter. *Harderovici*, 1741, in 4, v.

405 Effai fur l'Hydrophobie, trad. de Nugent, par Ch. Alfton. *Paris*, 1754, in 12, v.

406 Recherches fur la Rage, par M. Andry. *Par.* 1779, in 8, v.

407 Recherches sur la Rage, par M. Andry. *Par.*
1780, in 12, v.

408 Atrocis nec descripti priùs Morbi Historia,
secundùm medicæ Artis Leges conscripta ab
Herm. Boerhaave. *Lugd. Ba.* 1724, in 8, v.

Traités sur les Maladies épidémiques.

409 Observationes de Aere & Morbis epidemicis,
Auct. Jo. Huxham. *Londini*, 1739, 3 vol. in
8, v.

410 An Essay concerning the Effects of Air on
human Bodies, by John Arbuthnot. *London*,
1733, in 8, v.

411 De Imperio Solis ac Lunæ in Corpora hu-
mana, & Morbis indè oriundis, Auct. Rich.
Mead. *Londini*, 1746, in 8, v.

412 An experimental Enquiry concerning the
Causes which have generally been said to pro-
duce Putrid Diseases, by W. Alexander. *Lond.*
1771, in 8, v.

413 Essai pour servir à l'Hist. de la Putréfaction.
Paris, 1766, in 8, v.

414 Experimental Essays on the external Application of Antiseptics in Putrid Diseases, &c. by
W. Alexander. *London*, 1768, in 8, en cart.

415 Observations on the epidemical Diseases in
Minorca from the year 1744 - 1749, by Georg.
Cleghorn. *London*, 1751, in 8, en cart.

416 Historia Morborum qui annis 1699 - 1702,
Vratislaviæ grassati sunt. *Lausannæ*, 1746, in
4, v.

417 Observations on the Change of the Air and
the concomitant epidemical Diseases, in the Is-

land of Barbados, by W. Hillary. *London*, 1766, in 8, v.

418 Isbrandi de Diemerbroeck Tractatus de Peste. *Amstelodami*, 1665, in 4, vel.

419 Observationes & Cogitata de Peste, quæ annis 1738 & 39 in Ukrainia grassata est, Auct. Jo. Fred. Schreiber. *Petropoli*, in 4, v.

420 A Discourse on the Plague, by Rich. Mead. *London*, 1744, in 8, v.

Traités sur les Maladies Endémiques, &c.

421 An Essay on the medical Constitution of great Britain, by Ch. Bisset. *London*, 1762, in 8, v.

422 Observations on the prevaling Diseases in great Britain, by John Millar. *London*, 1770, in 4, v.

423 Œconomical and medical Observations tending to the Improvement of military Hospitals. *London*, 1764, in 8, v.

424 An Account of the Diseases which were most frequent of the British military Hospitals in Germany, by Don. Monro. *London*, 1764, in 8, v.

425 An Account of the Diseases, natural History and medicines of the east Indies, by J. Bontius. *London*, 1769. = An Essay on Fevers, by Chalmers. *London*, 1768, in 8, en cart.

426 An Account of the Weather and Diseases of south-Carolina, by Lion. Chalmers. *London*, 1776, 2 vol. in 8, en cart.

427 Observations on the Diseases of the Army, by John Pringle. *London*, 1753, in 8, v.

428 Obfervations fur les Maladies des Armées,
par M. Pringle. *Paris*, 1771, 2 vol. in 12, v.

429 Médecine d'Armée, trad. de l'Anglois, par
M. le Begue de Prefle. *Paris*, 1769, 2 vol. in
8, v.

430 Lud. Rouppe de Morbis Navigantium liber.
Lugd. Bat. 1764, in 8, v.

431 Traité fur les Maladies des Gens de mer, par
M. Poiffonnier. *Paris*, 1780, in 8, en cart.

432 Obfervations on the Difeafes in long Voyages to hot countries, by Jo. Clark. *London*,
1773, in 8, en cart.

Traités fur les Maladies chroniques.

433 Recherches fur les Maladies chroniques, par
M. Bacher. *Paris*, 1776, in 8, v.

434 An Effay on the Dropfy, and its different
Species, by Donald Monro. *London*, 1765,
in 8, en cart.

435 An hiftorical Effay on the Dropfy, by Rich.
Wilkes. *London*, 1777, in 8, en cart.

436 Animadverfiones de Natura Hydropis ejufque
Curatione, Auct. Franc. Milman. *Vienna*, 1779,
in 8, en cart.

437 Exercitatio medico-chirurgica de Schirro &
Carcinomate. *Amfteladami*, 1741, in 8, v.

438 A Differtation on the Gout, and all chronic
Difeafes, by W. Cadogan. *Lond.* 1771. == Remarks on the Difeafes called a Fiftula in Ano,
by Percival Pott. *London*, 1767, in 8, en cart.

439 A Treatife on the Caufe and Cure of the
Gout, by John Caverhill. *London*, 1769, in
8, v.

440 Practical Obfervations on the Treatment of

Confumptions, by Simmons. *London*, 1780, in 8, en cart.

441 A Treatife of the Scurvy, by J. Lind. *Edinburgh*, 1753, in 8, v.

Traités sur les Maladies des Femmes & des Enfants.

442 Traité des Maladies des Femmes, par J. Aftruc. *Paris*, 1761, 4 vol. in 12, v.

443 An Effay upon nurfing and the Management of Children, by W. Cadogan. *London*, 1764, in 8, en cart.

444 An Effay on the Difeafes moft fatal to infants, by G. Armftrong. *London*, 1771, in 12, v.

445 The Difeafes of Children, and their Remedies, by Nic. Rofen von Rafenftein, tranflated by And. Sparrman. *London*, 1776, in 8, en cart.

446 A Treatife on Child-bed Fevers, by Th. Kirkland. *London*, 1774 == An Effay on the peftilential Fever of Sydenham, by W. Grant. *London*, 1775, in 8, en cart.

447 Practical Obfervations on the Child-bed Fever, by Jo. Leake, *London*, 1775, en 8, en cart.

448 Schidia Cyrtonofi, feu Rhachitidis, cum fig. Auct. Sigif. Hahn. in 4, en cart.

Traités sur les Maladies de la Peau.

449 Tractatus de Morbis cutaneis, Auct. Anna Car. Lorry, *Parifiis*, 1777, in 4, en cart.

450 Histoire de la petite Verole, par M. Paulet.
Paris, 1768, 2 vol. in 8, broch.

451 Dominici Cotunnii de Sedibus Variolarum
Sintagma. *Neapoli*, 1769, in 8, en cart.

452 A practical Essay on the Small-pox, by W.
Hillary, *London*, 1740, in 8, v.

453 De Variolis & Morbillis liber, Auct. Rich.
Mead. *Londini*, 1747, in 8, v.

454 Letters and Essays on the Small-pox and Inoculation, &c. of the West Indies. *Lond.* 1778,
in 8, en cart.

455 Nova Variolis medendi Methodus, Auct.
Clossio. *Tr. ad Rhen*, 1766. == Observationes
de Antimonio ejusque Usu in Morbis curandis;
Auct. G. Saunders. *Londini*, 1773. == A Disser-
tation on the Inoculated Small-pox, by J. Mudge.
London, 1777, in 8, en cart.

456 Instruccion curativa de las Viruelas, par D.
Jos. Amar. *Madrid*, 1774, in 4.

Traités sur les Maladies Vénériennes.

457 Disputatio utilis de Morbo gallico & opi-
nionis N. Leoniceni Confirmatio contra adver-
sarium eandem Opinionem oppugnantem. *Bo-
nonia*, 1498, in 4, v.

458 De Morbis venereis libri IX, Auct. Jo. Astruc. *Parisiis*, 1740, 2 vol. in 4, en cart.

459 Traité des Maladies vénériennes, trad. du lat.
de M. Astruc, par M. Louis. *Paris*, 1777, 4
vol. in 12, en cart.

460 A Synopsis of the History and Cure of venereal Diseases, by J. Armstrong. *London*, 1737,
in 8, v.

461 Method of curing the venereal Difeafes, by J. Profily. *London*, 1748, in 8, en cart.

462 Parallele des différentes Méthodes de traiter la Maladie vénérienne. *Amfterdam*, 1764, in 8, v.

463 Recherches pratiques fur les différentes Manieres de traiter les Maladies vénériennes, par M. Gardane. *Paris*, 1770, in 8, baf.

464 Practical Obfervations, concerning the Cure of venereal Difeafes, by Jon. Wathen. *London*, 1765. == Obfervations on Dr. Cadogan's, Differtation on the Gout, by W. Falconer. *Bath*, 1772, in 8, en cart.

465 Obfervations on the Operation and Ufe of Mercury in the venereal Difeafe, by And. Duncan. *Edinburg*, 1772, in 12, en cart.

Mélanges de Médecine.

466 Almageftum Medicum confcriptum a Jo. Fred. Schreiber. *Lipfiæ*, 1757, in 4, v.

467 Sanctorii de Medicina ftatica Aphorifmi, cum notis An. Car. Lorry. *Parifiis*, 1770, in 12, v.

468 Ortus Medicinæ, id eft Initia Phyficæ inauditæ, Auct. J. Bapt. Van Helmont. *Amftelod. apud Lud. Elzevirium*, 1648, in 4, parch. Ce Volume eft rempli de Notes.

469 Herm. Conringii de hermetica Medicina libri duo. *Helmeftadii*, 1669, in 4, v.

470 Réflexions critiques fur la Médecine, par M. le François. *Paris*, 1723, 2 vol. in 12, v.

471 Confultationes medicæ cum Refponfis H. Boerhaave. *Gottingæ*, 1744, in 12, en cart.

472 Medical Confultations on various Difeafes,

by Th. Thompson. *London*, 1773, in 8, en
cart.

473 Jod. Lommii Obſervationum medicinalium
libri tres. *Amſtelodami*, 1761. ═══ Ejuſdem de
curandis Febribus continuis liber. *Amſtelodami*,
1745. ═══ Ejuſdem Commentarii de Sanitate
tuenda. *Amſtelodami*, 1745, in 12, v.

474 Ph. Salmuthi Obſervationum medicarum
Centuriæ tres. *Brunſvigæ*, 1648, in 4, v.

475 Ger. Blaſii Obſervationes medicæ rariores
accedit monſtri triplicis Hiſtoria *Amſtelodami*,
1677, in 8, fig. v.

476 Obſervationum Felicis Plateri quondam Ar-
chiatri libri tres. *Baſileæ*, 1680, in 8, vel.

477 Jo. Nic. Pechlini Obſervationum phyſico-
medicarum libri tres. *Hamburgi*, 1691, in
4, v.

478 Car. Piſonis ſelectiorum Obſervationum &
Conciliorum de præterviſis hactenus Morbis,
affectibuſque præter naturam, liber. *Lugd. Bat.*
1714, in 4, en cart.

479 Medical Obſervations and Inquiries, by a
ſociety of phyſicians in London. *London*, 1758,
5 vol. in 8, fig. v.

480 Eſſays on medicinal Subjects, by T. Gataker.
London, 1764, in 8, v.

481 Medical Eſſays and Obſervations, by Ch.
Biſſet *Newcaſtle*, 1766, in 8, v.

482 Eſſays medical and experimental, by Th. Percival. *London*, 1772, in 8, en cart.

483 Medical Tracts, by the late John Wall.
Oxford, 1780, in 8, en cart.

484 Medical facts and Experiments, by Fr. Home.
London, 1759, in 8, en cart.

485 Medical Tranſactions, publiſhed by the Col-

lege of Phyſicians in London. *London*, 1768,
3 vol. in 8, baſ.

486 Medical Eſſays and Obſervations publiſhed
by a Society in Edinburgh. *Edinburgh*, 1733,
6 vol. in 8, v.

487 Medical and philoſophical Commentaries,
by a Society in Edinburgh. *London*, 1773, 7
vol. in 8, en cart.

488 Commentarii de rebus in Scientia naturali &
medicina geſtis. *Lipſiæ*, 1752, 32 vol. in 8, en
cart.

489 Gulſtonian lectures read at the College of
Phyſicians by Sam. Muſgrave. *London*, 1779,
in 8, en cart.

490 Amati Luſitani Curationum medicinalium
Centuriæ duæ. *Pariſiis*, 1554, 2 vol. in 16, v.

491 Dan. Vink Amœnitates philologico-medicæ.
Traj. ad Rhen. 1730, in 8, baſ.

492 The ancient Phyſician's Legacy to his country,
by Th. Dover. *London*, 1742, in 8, v.

493 H. D. Gaubii Adverſariorum varii argumenti
liber. *Leidæ*, 1771, in 4, en cart.

494 Archibaldi Pitcarnii Diſſertationes medicæ.
Hagæ Comitum, 1722, in 4, vel.

495 Recueil de ſept Diſſertations de Médecine,
&c. in 4, en cart.

496 Recueil de treize Diſſertations de Médecine,
&c. in 4, baſ.

497 Recueil de dix-ſept Diſſertations de Médecine, imprimé en Allemagne, &c. in 4, en
cart.

498 Recueil de dix-huit Diſſertations de Médecine, imprimé en Allemagne, in 4, baſ.

499 Recueil de vingt-deux Diſſertations de Médecine, imprimé en Allemagne. in 4, v.

500 Recueil de Theses & de Dissertations de Médecine. 2 vol. in 4, en cart.

501 Recueil de Dissertations de Médecine, &c. 5 vol. in 4.

502 Recueil de Traités sur la Physique & la Médecine, en Latin, en François, en Anglois, &c. 21 vol. in 8.

503 Recueil de Dissertations, Theses, &c. sur la Physique, l'Histoire Naturelle, la Médecine, &c. 21 vol. in 4.

504 Recueil de Pieces relatives à la Question des Naissances tardives, par M. Petit. *Paris*, 1766, in 8, v.

505 Détail des Succès de l'Etablissement fait en faveur des Noyés. *Paris*, 1774, 6 vol. in 12 en cart.

506 Discursus medico - philosophicus de Casu Adolescentis Argentinensis mirabili, qui anno 1617 mortuus in quodam paternorum ædium loco, adjacente ipsi serpente, à Domesticis inventus fuit, Auct. M. Sebizio. *Argentorati*, 1660, in 4, parch.

507 D. Georg. Franck de Franckenau Satyræ medicæ XX. *Lipsiæ*, 1722, in 8, v.

CHIRURGIE.

508 Historia Chirurgiæ antiqua & recensior, ab And. Goelicke. *Halæ*, 1713, in 12, v.

509 D. Laurentii Heisteri Institutiones chirurgicæ. *Amstelodami*, 1739, 2 vol. in 4, fig. v.

510 Jo. Zach. Platneri Institutiones chirurgicæ. *Lipsiæ*, 1745, in 8, en cart.

511 Précis de Chirurgie pratique, par M. Portal. *Paris*, 1768, 2 vol. in 8, v.

512 Cirurgia methodica, e chymica reformada su Autor o Doutor Franc. Soares de Ribeyra. *Lisb.* 1721, in 4, baf.

513 Traité complet de Chirurgie, par de la Motte. *Paris*, 1732, 4 vol. in 12, v.

514 Jo. de Gorter Chirurgia repurgata. *Lugd. Bat.* 1742, in 4, en cart.

515 A critical Enquiry into the present state of Surgery, by Sam. Sharp. *London*, 1750, in 8, v.

516 Progrès ultérieurs de la Chirurgie, par M. Theden. *Bouillon*, 1777, in 8, v.

517 Œuvres posthumes de M. Ponteau, Chirurgien en chef de l'Hôtel-Dieu de Lyon. *Paris*, 1783, 3 vol. in 8, v.

518 Cases in Surgery, by Jof. Warner. *London*, 1754, in 8, en cart.

519 Collezione historica di Casi chirurgici metodicamente dispositi da Giuseppe Cavallini. *In Firenze*, 1762, in 4, en cart.

520 Essays on several important Subjects in Surgery, by John Aitken. *London*, 1771, in 8, fig. v.

521 Cases in Surgery, particularly of Cancers, and Disorders of the Head, &c. by J. Hill. *Edinburgh*, 1772, in 8, v.

522 Chirurgical Observations and Cases, by W. Bromfeild. *London*, 1773, 2 vol. in 8, en cart.

523 Essays and Cases in Surgery, by J. Aitken. *London*, 1775, in 8, fig. en cart.

524 Eight chirurgical Treatises, by Rich. Wiseman. *London*, 1705, in fol. v.

525 A practical Treatise on Wounds and other chirurgical Subjects, by B. Gooch. *Norwich*, 1767, 3 vol. in 8, v.

526 D. Jo. Bohnii de Renunciatione Vulnerum,

seu Vulnerum letalium Examen. *Amſtelodami*, 1710, in 12, v.

527 M. Aur. Severini de recondita Abſceſſuum Natura libri VIII. *Lugd. Bat.* 1724, in 4, fig. en cart.

528 Eraſiſtratus ſive de Sanguinis Miſſione. *Romæ.* 1682, in 8, v.

529 Obſervations on the Nature and Conſequences of thoſe injuries to which the head is liable from external Violence, by Percival Pott. *Lond.* 1771, in 8, v.

530 Traité des Maladies de l'Œil, par Maître-Jan. *Paris*, 1722, in 12, v.

531 H. Boerhaave Prælectiones de Morbis Oculorum. *Gottingæ*, 1746, in 8, en cart.

532 Remarks on the Ophtalmy, Pſorophtalmy, and purulent Eye, by J. Ware *London*, 1780, in 8, en cart.

533 A Treatiſe on Ruptures, by Percival Pott. *London*, 1763, in 8, v.

534 Remarks on Fractures and Diſlocations, by Percival Pott. *London*, 1769. === Obſervations on that Diſorder of the Corner of the Eye, commonly called Fiſtula Lacrymalis, by Perc. Pott. *London*, 1769, in 8, en cart.

535 A Treatiſe on the high Operation for the ſtone, by Will. Cheſelden. *London*, 1723, in 8, fig. v.

536 A Diſquiſition of the Stone and Gravel, by S. Perry. *London*, 1779, in 12, v.

537 A Treatiſe on the Hydrocele, by Percival Pott. *London*, 1767, in 8, v.

538 A Diſſertation on Hernias, or Ruptures, by G. Arnaud. *London*, 1748, in 8, v.

Traités sur les Accouchements.

539 A Treatise on the Management of pregnant and lying-in Women, by Ch. White. *London,* 1773, in 8, baf.

540 A new Syftem of Midwifery, by Rob. Wallace Johnfon. *London,* 1759, in 4, fig. en cart.

541 A Treatife on the theory and practice of Midwifery, by W. Smellie. *Dublin,* 1764, 3 vol. in 12, v.

542 Traité des Accouchements, par Deleurye. *Paris,* 1770, in 8, v.

543 Elements of the practice of Midwifery, by Al. Hamilton. *London,* 1775, in 8, en cart.

544 Cæfarei Partûs Affertio hiftoriologica, Fr. Roffeto Authore. *Parifiis,* 1590, in 8, vel.

A N A T O M I E.

545 Hiftoria de la compoficion del Cuerpo humano, por Juan de Valverde de Hamufco. *En Roma,* 1556, in fol. fig. v.

546 Theoph. Boneti Sepulchretum five Anatomia practica. *Genevæ,* 1700, 3 vol. in fol. vel.

547 Bern. Siegfried Albini Explicatio Tabularum anatomicarum Barth. Euftachii. *Leydæ,* 1761, in fol. fig. vel.

548 Syllabus omnium Partium Corporis humani, figuris illuftratus, Auct. Hanhart. *Petr poli,* in 4, en cart.

549 Perfpiratio dicta Hippocrati per univerfum Corpus anatomice illuftrata, Auct. Abr. de Kaau. *Lugd. Bat.* 1738, 2 vol. in 8, v.

550 Fred. Ruyfchii Opera omnia anatomico-medico-chirurgica. *Amftelodami*, 1737, 4 vol. in 4, fig. v.

551 Th. Bartholini Hiftoriarum anatomicarum rariorum Centuriæ IV. *Hafniæ*, 1654, 4 tom. en 2 vol. in 12, fig. vel.

552 J. B. Morgagni adverfaria anatomica. *Lugd. Bat.* 1741. in 4, en cart.

553 J. Bap. Morgagni de Sedibus & Caufis Morborum per Anatomen indagatis libri V. *Venetiis*, 1761, in fol. v.

554 Clinical Experiments, Hiftories and Diffections, by Fr. Home. *Edinburgh*, 1780, in 8, en cart.

555 C. Stalpartii Vander Wiel Obfervationum rariorum Medic. Anat. Chirurgic. Centuriæ. *Lugd. Batav.* 1687, 2 vol. in 8, vel.

556 H. Baffii Obfervationes anatomico-chirurgico-medicæ. *Halæ*, 1731, in 8, fig. v.

557 Obfervationes anatomicæ J. Dom. Santorini. *Lugd. Bat.* 1739, in 4, fig. en cart.

558 B. S. Albini academicarum Annotationum liber quintus & fextus, continet anatomica, &c. *Leydæ*, 1761, in 4, en cart.

559 Ab. Kaau Boerhaave Hiftoria anatomica infantis, cujus pars Corporis inferior monftrofa. *Petropoli*, 1754, in 4, en cart.

560 Raym. Vieuffens Nevrographia univerfalis. *Lugduni*, 1684, in fol.

561 Rich. Lower Tractatus de Corde. *Lugd. Bat.* 1728, in 8, fig. en cart.

562 Jo. Mar. Lancifii de Motu Cordis Opus pofthumum. *Romæ*, 1728, in fol. fig. vel.

563 Exercitatio anatomica de Motu Cordis. Auct. Guil. Harveo. *Lugd. Bat.* 1737, in 4, v.

564 De venis tàm laƈteis Thoracicis, quàm lym-
phaticis noviffimè repertis Sylloge anatomica,
Opera J. Alc. Múnieri. *Genuæ*, 1654, in 8,
fig. vel.

565 A Treatife of the urinary Paffages, by W.
Rutty. *London*, 1726, in 4, fig. en cart.

P H A R M A C I E.

566 Pharmacopœa generalis edita a Jac. Reinb.
Spielmann. *Argentorati*, 1783, in 4, v.

567 Pharmacopeia officinalis & extemporanea,
by Quincy. *London*, 1730, in 8, v.

568 Pharmacopeia extemporanea, per Th. Fuller.
Paris, 1768, in 12, v.

569 Pharmacopeia regia, Auƈtore Joan. Zuelfer.
Norimbergæ, 1668, 2 vol. in fol. v.

570 Pharmacopeia Medici Auƈt. Jo. Berkenhout.
Londini, 1766, in 12, v.

571 Codex medicamentarius, feu Pharmacopæa
parifienfis. *Parifiis*, 1748, in 4, v.

572 Pharmacopea auftriaco-provincialis. *Viennæ*,
1774, in 8, en cart.

573 Pharmacopeia Genevenfis. *Geneva*, 1780,
in 8.

574 Pharmacopœia reformata, or an Effay for a
Reformation of the London Pharmacopœia.
Lond. 1744, in 8, en cart.

575 The Difpenfatory of the College of Phyficians of London, by Pemberton. *Lond.* 1746,
in 8, v.

576 Pharmacopeia Collegii Medicorum Londi-
nenfis. *Londini*, 1747, in 12, v.

577 The new Difpenfatory, containing the Elements of Pharmacy, the materia Medica, &c.
London,

London, 1770, in 8, v. avec beaucoup de Notes MSS. de M. Sanchés.

578 Medical Memoirs of the general Difpenfary
in London, for part of the years 1773 and
1774, by J. Coakley Lettfom. *London*, 1774,
in 8, en cart.

579 Pharmacopeia Collegii Medicorum Edinburgenfis. *Edinburgi*, 1756, in 12, v.

580 Pharmacopeia Collegii Regii Medicorum
Edinburgenfis. *Edinburgi*, 1774, in 8 v.

581 The general Difpenfatory containing a tranf-
lation of the Pharmacopeias of the College of
Phyficians of London and Edinburgh, by R.
Brookes. *London*, 1753, in 12, v.

582 Obfervations on the London and Edinburgh,
Difpenfatories, by J. Rutty. *London*, 1775, in
12, en cart.

583 Pharmacopeia Bateana. *Londini*, 1688, in
12, v.

584 Pharmacopoea Roffica. *Petropoli*, 1778, in
4, en cart.

CHYMIE.

585 H. Boerhaave Elementa Chemiæ. *Lipfiæ*,
1732, in 8, v.

586 A new Method of Chemiftry, by H. Boerhaave. *London*, 1727, in 4, v.

587 Rud. Aug. Vogel Inftitutiones Chemiæ. *Gottingæ*, 1755, in 8, v.

588 A Courfe of Practical Chemiftry, by Wil.
Lewis. *London*, 1746, in 8, v.

589 Leçons de Chymie, par Pierre Shaw. *Paris*,
1759, in 4, v.

D

590. Dictionnaire de Chymie. *Paris*, 1766, 2 vol. in 8 , v.

591 Dictionnaire de Chymie, par M. Macquer. *Paris*, 1778, 2 vol. in 4, v.

592 Chymie médicinale, par M. Malouin. *Paris*, 1755, 2 vol. in 12, v.

593 The chemical Works of Gasp. Neumann. *London*, 1759, in 4, v.

594 Opuscules chymiques de M. Margraff. *Par.* 1762, 2 vol. in 12, v.

595 Observations physiques & Chymiques de Fred. Hofmann. *Paris*, 1754, 2 vol. in 12, en cart.

596 Experiments establishing a criterion between mucaginous and purulent Matter. *Lichefield*, 1780, in 8, en cart.

597 Essais de Jean Rey, sur les Recherches de la cause pour laquelle l'Etain & le Plomb augmentent de poids quand on les calcine, avec des notes, par M. Gobet. *Paris*, 1777, in 8 , en cart.

598 Essais de Chymie sur la Chaux vive, &c. par M. Dreux. *Paris*, 1766, 2 vol. in 12, v.

599 Traité du Soufre, par Stahl. *Paris*, 1766, in 12, v.

600 Recueil de Pieces, dont Histoire de la Découverte faite en France, des Matieres semblables à celles dont la Porcelaine de la Chine est composée, par M. Guettard. *Paris*, 1765, in 4, en cart.

MATHÉMATIQUES, &c.

601 Leçons élémentaires de Mathématiques, par l'Abbé de la Caille. *Paris*, 1759, in 8, v.

602 Opere di Galileo Galilei Linceo. *In Bologna*, 1756, in 4, vel.

603 Initia Doctrinæ Solidioris, Auctore Jo. Aug. Ernesti. *Lipsiæ*, 1758, in 8, v.

604 A Course of Lectures in Natural Philosophy, by Rich. Helsham. *London*, 1743, in 8, v.

605 M. Manilii Astronomicon, a Jos. Scaligero. *Antverpiæ*, 1600, in 4, v.

606 Abrégé d'Astronomie, par M. de la Lande. *Paris*, 1774, in 8, en cart.

607 Pensées sur la Comete, par P. Bayle. *Amst.* 1749, 4 vol. in 12, v.

608 Réflexions sur le Temps périodique des Cometes, & sur celui de la Comete observée en 1770, par M. A. I. Lexell. *St. Pétersbourg*, in 4, fig. en cart.

609 Théorie complete de la Construction & de la Manœuvre des Vaisseaux, par M. Léon. Euler. *St. Pétersbourg*, 1773, in 8, v.

610 Observations sur les Bois de Marine. *Paris*, 1780, in 12, fig.

611 Jungendorum marium fluviorumque omnis ævi Molimina, Auct. Jer. Jac. Oberlino. *Argentorati*, 1775, in 4, en cart.

612 A Discourse on the Invention and Improvements of the reflecting Telescope, by J. Pringle. *London*, 1778, in 4, en cart.

613 Description des Octants & Sextants Anglois, ou Quarts de Cercle à Réflexion, par M. J. H. Magellan. *Paris*, 1775, in 4, en cart.

614 J. And. Stisserus de Machinis fumidoctoriis curiosis. *Hamburgi*, 1686, in 4, fig.

615 Traité de la Construction du Scaphandre, ou du Bateau de l'Homme, par M. de la Chapelle. *Paris*, 1775, in 12, fig. en cart.

ARTS.

616 Cyclopœdia : or, an univerſal Dictionary of Arts and Sciences, by E. Chambers. *London*, 1738, 2 vol. in fol. v.

617 A Supplement to M. Chambers's Cyclopœdia. *London*, 1753, 2 vol. in fol. v.

618 Commercium philoſophico-Technicum ; or, the philoſophical commerce of Arts, by W. Lewis. *London*, 1763, in 4, fig. v.

619 Iconologia di Ceſare Ripa. *In Venetia*, 1669, in 4, fig. parch.

620 O Engenheiro Portuguez, por Man. de Azevedo Fortes. *Lisboa*, 1728, 2 vol. in 4, baſ.

621 Fl. Vegetii Inſtitutionum rei Militaris libri V. ex recenſ. Joſ. Valart. *Lutetiæ*, 1762, in 12, v.

622 Frontini Stratagemata ex recenſ. Joſ. Valart. *Lutetiæ*, 1763, in 12, v.

623 Rob. Valturii de re Militari libri XII. *Pariſ.* 1534, in fol. fig. v.

624 Eléments de l'Art militaire ancien & moderne, par M. Cugnot. *Par.* 1766, 2 vol. in 12, v.

625 Eſſai général de Tactique, par M. de Guibert. *Londres*, 1772, in 4, v.

626 Art de la Verrerie, de Neri, Merret & Kunckel, trad. par M. d'Olbach. *Paris*, 1752, in 4, fig. v.

BELLES-LETTRES.

Introduction à l'Etude des Belles-Lettres & des Langues.

627 Verdadeiro Metodo de eſtudar, para ſer util a republica, eſpoſto pelo R. P.... Barbadinho. *Valenſa*, 1746, 4 vol. in 4, baſ.

(53)

628 Emmanuelis Alvari de Inftitutione grammatica libri tres. *Ebora*, 1755, in 8, v.
629 Remains of Japhet: being hiftorical Inquiries
into the affinity and Origin of the european Lan-
guages, by J. Parfons. *London*, 1767, in 4, v.
630 Modus addifcendi intra breviffimum tempus
linguas Gallicam, Italicam, Hispanicam, Græ-
cam, Hebraicam & Chaldaicam, Auct. Ig.
Weitenaver. *Francofurti*, 1756, in 4, en cart.

Grammaires & Dictionnaires des Langues Grecque

& Latine.

631 Novo Epitome da Grammatica Grega, compofto na Lingoa Portugueza, por J. H. de Ma-
galhaens. *Paris*, 1760, in 12, v.
632 Jo. Scapulæ Lexicon græco-latinum. *Bafilea*,
1628, in fol. v.
633 M. Benj. Hederici Lexicon manuale græcum.
Londini, 1727, in 4, v.
634 Ger. Joan. Voffii Grammatica latina. *Lugd.
Batav. apud Elzivirios*, 1644, in 8, v.
635 Grammatica latina tratada por un metodo
novo, claro e facil. *Barcelona*, 1758, in 8.
636 Fr. Sanctii Minerva, seu de Caufis Linguæ
Latinæ, ed. Jac. Perizonio. *Amftelodami*, 1754,
in 8, v.
637 Fr. Sanctii Opera omnia. *Geneva*, 1766, 4
vol. in 8, en cart.
638 Cl. Daufquii Orthographia latini Sermonis.
Parifiis, 1677, in fol. v.
639 M. Verrii Flaccii quæ extant & Sext. Pompeii
Fefti de Verborum Significatione libri XX. ex
recenf. Jof. Scaligeri. *Lutetia*, 1576, in 8, vel.

640 Universæ Phraseologiæ latinæ Corpus, congestum a P. F. Wagner. *Ratisbonæ*, 1756, in 8, v.

641 Jo. G. Walchii Historia critica Linguæ Latinæ. *Lipsiæ*, 172?, in 8, en cart.

642 Gerardi Joan. Vossii Etymologicon Linguæ Latinæ. *Lugduni*, 1664, in fol. bas.

643 Novus Linguæ & Eruditionis Romanæ Thesaurus, a Jo. Mat. Gesnero. *Lipsiæ*, 1749, 2 vol. in fol. en peau.

644 Dictionarium latino - gallicum, Auct. Pet. Danet. *Amstelodami*, 1711, in 4, v.

645 Pet. Jos. a Fonseca Lexicon latino lusitanum. *Olissiponæ*, 1762, in 4, v.

646 Thesaurus Linguæ Latinæ compendiarius, Latine & Anglice, by Rob. Ainsworth. *Lond.*, 1746, 2 vol. in 4, v.

647 Latinitatis liber memorialis, Latine, Russice & Germanice. in 8, en cart.

648 Car. du Fresne Dom. du Cange, glossarium ad scriptores mediæ & infimæ Latinitatis. *Francofurti*, 1710, 3 vol. in fol. v. b.

649 Jo. Frid. Noltenii Lexicon Latinæ Linguæ antibarbarum. *Lipsiæ*, 1744, 2 vol. in 8.

Grammaires & Dictionnaires des Langues Françoise, Espagnole, Portugaise, &c.

650 L'Art de bien parler François, *Amsterdam*, 1730, 2 vol. in 12, v.

651 Dictionnaire François - Latin, par Danet. *Amsterdam*, 1710, in 4, v.

652 Dictionnaire de la Langue Françoise, par Richelet. *Lyon*, 1775, 2 Tom. en 1 vol. in 8, v.

653 Nouveau Dictionnaire des Langues Françoise, Allemande, Latine & Russe, par Serguey Volchkof. *St. Petersbourg*, 1764, 2 vol. in 8, v.

654 Del Origen, y principio de la Lengua Castellana, por Bern. Aldrete. *En Roma*, 1606, in 4, parch.

655 Ortografia de la Lengua Castellana, compuesta por la Real Academia Española. *Madrid, Ibarra*, 1770, in 8, en cart.

656 Tesoro de la Lengua Castellana, por D. Sebast. Cobarravias. *En Madrid*, 1611, in fol. v.

657 Diccionario de la Lengua Castellana, compuesto por la Real Academia Española. *En Madrid*, 1726, 6 vol. in fol. v.

658 Sobrino aumentado, o nuevo Diccionario de las Lenguas Española, Francesa, y Latina, por Franc. Cormon. *En Amberes*, 1776, 3 vol. in 4, v.

659 Arte da Grammatica da Lengua Portugueza, pelo Ant-José. *Lisboa*, 1771, in 12. en cart.

660 Diccionario Portuguez, e Latino, por Pedro José da Fonseca. *Lisboa*, 1771, in 4.

661 Dictionnaire Anglois François de Boyer. *Londres*, 1708, in 8, v.

662 Dictionnaire Anglois François, par Boyer. *Lyon*, 1756, 2 vol. in 4. v.

663 A Dictionary of the English Language, by Sam. Johnson. *London*, 1760, in 8, v.

664 A Dictionary of the English Language, by Sam. Johnson. *Dublin*, 1775, 2 vol. in 4, v.

665 Eléments de la Langue Russe, ou méthode facile pour apprendre cette Langue. *St. Petersbourg*, 1768, in 8, en cart.　　　D iv

RHÉTORIQUE.

Rhéteurs & Orateurs.

666 Dionyf. Longini de Sublimitate commentarius, gr. & lat. ed. Jac. Tollio. *Ultrajecti*, 1694, in 4, v.

667 M. Fab. Quintiliani de inftitutione Oratoria libri XII. ed. Jo. Math. Gefnero. *Gottingæ*, 1738, in 4, v.

668 Quintilien de l'inftitution de l'Orateur, trad. Par l'Abbé Gedoyn. *Paris*, 1718, in 4, v.

669 Jo. Mat. Gefneri primæ lineæ artis Oratoriæ, accedunt Rutilii Lupi reliqua. *Ienæ*, 1753, in 8, v.

670 Ifocratis opera, gr. & lat. *Parifiis*, 1621, in 8, v.

671 Ifocratis opera, Græce, cum verfione interlineari. *Parifiis*, 1631, in 8 v.

672 Demofthenis & Æfchinis opera, gr. & lat. ex recenfione Hieron. Wolfii. *Aureliæ Allobrogum*, 1607, in fol. v.

673 Panegyrici Veteres, cum notis Jac. de la Baune, in ufum Delphini. *Parifiis*, 1676, in 4, v.

674 M. Tullii Ciceronis opera omnia, ex recenfione Ifaaci Verburgii. *Amftelodami*, 1724, 4 vol. in 4, v. f.

675 Petri Burmanni Orationes. *Hagæ Comitum*, 1759, in 4, v.

676 Difcours fur l'origine & fur les fondements de l'inégalité parmi les Hommes, par J. J. Rouffeau. *Amfterdam*, 1755, in 8, en cart.

677 Eloges lus dans les séances publiques de l'Académie Françoise, par M. d'Alembert. *Paris*, 1779, in 12, v.

678 Discours prononcé dans l'Académie de St Petersbourg, le 29 Décembre 1776, par M. de Domaschneff, trad. du Russe. 1778, in 4, Gr. Pap. en cart.

POETIQUE.

Poëtes Grecs.

679 Julii Cæsaris Scaligeri Poetices libri VII. 1561, in fol. v.

680 Carmina Poetarum novem, Lyricæ Poesos principum, fragmenta. gr. & lat. *Excudebat H. Stephanus*, 1560, in 18, v.

681 Vetustissimorum Authorum Georgica, Bucolica, &c. Gr. & lat. *Coloniæ Allobrogum*, 1612, in 18, en cart.

682 Homeri Ilias & Odyssea, gr. & lat. *Amstelodami*, 1743, 2 vol. in 12 v.

683 La Ulixea de Homero, traduzida de Griego en Lengua Castellana, por Gonzalo Perez. *En Anvers*, 1556, in 12, parch.

684 Hesiodi Ascræi quæ extant, gr. lat. & italice. *Patavii*, 1747, in 8, v.

685 Anacreontis & Sapphonis Carmina. gr. & lat. ed. Tan. Fabro. *Salmurii*, 1660, in 12 vel.

686 Callimachi Hymni & Epigrammata, gr. & lat. *Londini*, 1741, in 8, v.

687 Aristophanis Comœdiæ XI. gr. & lat. ex recensione Jos. Scaligeri. *Lugd. Bat.* 1625, in 12 vel.

688 Pindari opera, gr. & lat. ex recensione Æmi-
lii Porti. 1588, in 8, v.

Poëtes Latins anciens & modernes.

689 Corpus omnium veterum poëtarum Latinorum, stud. Mich. Maittaire. *Londini*, 1721,
2 vol. in fol. v.
690 M. Accii Plauti Comœdiæ. *Parisiis*, *Barbou*, 1759, 3 vol. in 12, v.
691 Pub. Terentii Comœdiæ, ex recens. Arn.
H. Westerhovii. *Hagæ Comit.* 1732, 2 vol. in
8, en cart.
692 Titi Lucretii de rerum Natura libri VI. ex
recensione Th. Créech. *Oxonii*, 1695, in 8,
vel.
693 Catulli, Tibulli, & Propertii opera. *Birminghamiæ*, *Baskerville*, 1772, in 8, v.
694 Pub. Virgilii Maronis opera. *Ultrajecti*,
1704, in 12, v.
695 P. Virgilii Maronis opera, cum notis Variorum, ed. Pet. Burmanno. *Amstelodami*,
1746, 4 vol. in 4, v.
696 Q. Horatius Flaccus, ex recensione Rich.
Bentleii. *Amstelodami*, 1728, in 4, v.
697 Q. Horatii Flacci opera. *Londini*, *Sandby*,
1749, 2 vol. in 12, fig. v.
698 Q. Horatii Flacci Eclogæ, ex recensione Jo.
Mat. Gesneri. *Lipsiæ*, 1752, in 8, bas.
699 Q. Horatius Flaccus. *Birminghamiæ*,
Baskerville, 1762, in 12, v.
700 Q. Horatii Flacci opera, curante Jos. Va-
latt. *Parisiis*, 1770, in 8, v.
701 Œuvres d'Horace, avec la traduction &

les remarques de M. Dacier, & du P. Sanadon. *Amsterdam*, 1735, 8 vol. in 12, v.

701 Q. Horatii Flacci Epistolæ with an english commentary and notes, by M. Hurd. *London*, 1766, 3 vol. in 12, v.

703 Pub. Ovidii Nasonis opera ex recensione Pet. Burmanni. *Amstelodami*, 1714, 3 vol. in 12, v.

704 Phædri Augusti liberti Fabulæ, cum notis variorum, ex recensione Jo. Laurentii. *Amstelod mi*, 1667, in 8, fig. v.

705 Phædri Fabulæ, cum commentario Pet. Burmanni. *Leidæ*, 1727, in 4, vel.

706 Lucani Pharsalia, cum notis Farnabii. *Amstelædami*, 1714, in 12, v.

707 M. Annæi Lucani Pharsalia, cum commentario Petri Burmanni. *Leidæ*, 1740, in 4, vel.

708 La historia que escrivió en Latin el Poëta Lucano : trasladada en Castellano, por Martin Laffo de Oropefa, in fol. parch.

709 Pub. Papinii Statii opera, cum observationibus Emerici Crucei. *Parisiis*, 1618, in 4, v.

710 M. Valerii Martialis Epigrammata, cum notis Vinc. Coleffo, ad usum Delphini. *Amstelodami*, 1701, in 8, v.

711 D. Junii Juvenalis Satyræ. *Editio vetus*, in 4, v.

712 D. Junii Juvenalis & Auli Persii Satyræ, cum notis variorum. *Lugd. Bat.* 1648, in 8, vel.

713 D. Junii Juvenalis & Auli Persii Flacci Satyræ, cum notis Lud. Prataei, in usum Delphini. *Londini*, 1722, in 8, v.

714 Satyres de Juvenal, traduites par M. Dusaulx. *Paris*, 1770, in 8, v.

715 Aulo Perfio Flacco, traduzido en Lengua Caftellana, por Diego Lopez. *En Burgos*, 1609, in 8, parch.

716 C. Solii Apollinaris Sidonii Epifcopi Opera, Jo. Savaro recognovit. *Parifiis*, 1609, in 4, parch.

717 Jacobi Vanierii prædium rufticum. *Parifiis*, 1746, in 12, v.

718 Satyræ Franc. Botelho de Moraes & Vafcon-cellos. *Salmanticæ*, 1741, in 4, v.

719 Lud. Caietani de Lima Epigrammata, *Olyf-fiponæ*, 1730, in 8, v.

720 G. Buchanani poemata. *Amftelodami*, 1687, in 16, v.

721 Pet. Burmanni poemata. *Amftelodami*, 1746, in 4, v.

Poëtes François, Italiens, &c.

722 Nouvelles en vers, par J. de la Fontaine. *Londres*, 1743, 2 vol. in 12, v.

723 Œuvres de Chaulieu. *Londres*, 1740, 2 vol. in 8, v.

724 Orlando Furiofo, traduzido en Romance Caftellano, por Don Jer. de Vrrea. *En Venecia*, 1575, in 4, v.

725 Primera Parte de la Angelica de Luys Ba-rahona de Soto. *En Granada*, 1586, in 4, parch.

726 Las Elegias de Varones illuftres de indias, por J. de Caftellanos. *En Madrid*, 1589, in 4, parch.

727 Primera, fegunda y tercera partes de la Araucana, de Don Al. de Ercilla y Çuniga. *En Anvers*, 1597, in 12, parch.

728 Obras del excellente poëta Garcilaflo de la Vega. *En Salamanca*, 1604, in 12, vel.

729 Los Amores de Juan Bofcan y de Garcilaflo de la Vega. *En Leon*, 1658, in 12, parch.

730 Obras Sueltas de D. Juan de Yriarte. 1774, in 4, rel. en cart.

731 Recueil de différentes pieces de poëfies manufcrites. en Portugais. in 4, baf.

732 Obras do Grande Luis de Camoens, com os argumentos do Jo. Fr. Barreto. *Lisboa*, 1720, in fol. v.

733 Obras de Luis de Camoens. *Paris*, 1759, 3 vol. in 12, v.

734 Rimas varias de Luis de Camoens commentadas por Manuel de Faria, y Soufa. *Lisboa*, 1685, in fol. vel.

735 La Lufiada di Luigi Camoens tradotta in Italiano da N. N. *Torino*, 1772, in 12, en cart.

736 Las Obras do doutor Franc. de Saa de Miranda. *Lisboa*, 1677. in 12, vel.

737 A Collection of Poetical tracts. *London*, 1758, in 8, v.

738 Effai fur l'homme, Poëme, par Al. Pope, en cinq Langues. *Strasbourg*, 1762, in 8, v.

Fables, Apologues & Romans.

739 Æfopi, Aviani & Abftemii fabulæ. *Lutetiæ*, Rob. Stephanus, 1545, in 8, v.

740 Æfopi fabulæ gr. & lat. cum aliis Opufculis. *Venetiis*, 1601, in 12, fig. en cart.

741 La Silva curiofa de Julian de Medrano. *En Paris*, 1583, in 8, v.

742 La Vida de Lazarillo de Tormes por J. de Luna. 1602, in 12, en cart.

743 Libro de Entretenimiento de la Picara Juftina, por Franc. de Ubeda. *En Brucellas*, 1608, in 8, parch.

744 Vida, y Hechos del Cavallero Don Quixorte de la Mancha, compuefta por M. de Cervantes. *Barcelona*, 1604, in 4, v. f.

745 Galatea en feys libros compuefta por Miguel de Cervantes. *En Paris*, 1611, in 8, v.

746 Los trabaios de Perfiles, y Sigifmunda, por Mig. de Cervantes. *En Madrid*, 1617, in 4, parch.

747 La Diana de George de Montemayor. *En Madrid*, 1621, in 8, parch.

748 Suceffos y Prodigios de amor en ocho novelas exemplares, por Juan Perez de Montalvan. *En Madrid*, 1665, in 8, parch.

749 The Hiftory of Tom Jones, by H. Fielding. *London*, 1750, 4 vol. in 12, en cart.

CRITIQUE, &c.

750 Elements of Criticifm, by H. Home. *Edinburgh*, 1769, 2 vol. in 8, v.

751 Jo. Clerici ars critica. *Amftelodami*, 1730, 3 vol. in 12, en cart.

752 Jo. Mat. Gefneri primæ lineæ Ifagoges in eruditionem univerfalem. *Gottingæ*, 1756, in 8, baf.

753 Jo. Nic. Funecii de lectione auctorum clafficorum liber. *Lemgoviæ*, 1745, in 4, en cart.

754 Ant. Blackwaldi de Præftantia clafficorum auctorum commentatio. *Lipfiæ*, 1735, in 8, v.

755 Jo. Schefferus de Stylo. *Jena*, 1678, in
12, v.

756 Jo. Got. Heineccii fundamenta ftili cultioris.
Lipfiæ, 1756, in 8, v.

757 La maniere de bien penfer dans les ouvrages d'efprit, (par le P. Bouhours.) *Paris*,
1687, in 4, v.

758 L'Homme de lettres, par Dan. Bartoli.
Paris, 1769, 3 vol. in 12, en cart.

759 Athenæi Deipnofophiftarum libri XV. in
Latinum fermonem verfi a Jac. Dalecampio.
Lugduni, 1583, in fol. vel.

760 Auli Gellii noctes Atticæ, cum notis variorum, ex recenfione Jac. Gronovii. *Lugd. Bat.*
1706, in 4, vel.

761 Auli Gellii Noctes atticæ, ed. P. Dan. Longolio. *Curiæ Regnitianæ*, 1741, in 8.

762 Macrobii Opera, cum Notis variorum. *Lugd.*
Bat. 1670, in 8, v.

763 Alexandri ab Alexandro genialium dierum
libri fex, cum notis variorum. *Lugd. Batavor.*
1673, 2 vol. in 8, v.

764 Lampas, fixe Fax Artium liberalium, hoc eft
Thefaurus criticus a Jano Grutero. *Francofurti*,
1602, 5 vol. in 8, v.

765 Adriani Turnebi Adverfariorum libri XXX.
Parifiis, 1580, in fol. baf.

766 Lud. Cœl. Rhodigini Lectiones antiquæ.
Geneva, 1620, in fol. baf.

767 Gafp. Barthii adverfariorum commentariorum libri LX. *Francofurti*, 1624, in fol. v.

768 Gisberti Cuperi Obfervationum libri tres.
Ultrajecti, 1670, in 8, v.

769 Jo. Aug. Ernefti Opufcula philologica & critica. *Lugd. Batav.* 1764, in 8, baf.

Satyres, Invectives, &c.

770 T. Petronii Arbitri Satyricon, ex recenf. Jo. Pet. Lotichii. *Francofurti*, 1629, 2 vol. in 4, v.

771 T. Petronii Arbitri Satyricon. *Francofurti*, 1643, in 4, v.

772 T. Petronii Satyricon, cum Fragmentis. *Lipfiæ*, 1731, in 8, v.

773 Traduction de Petrone, avec des Remarques. *Cologne*, 1694, 2 vol. in 8, v.

774 Arte de Furtar, Efpelho de Enganos, Theatro de Verdades, Moftrador de Horas minguadas, Gazuageral dos Reynos de Portugal, pelo Padre Ant. Vieyra (Franc. Jof. Freire.) *Amft.* 1744, in 4, baf.

775 Hiftoria del famofo Predicador fray Gerundio de Campazas, *En Madrid*, 1758, 2 vol. in 4, v.

776 Fr. Vavafforis de ludicra Dictione liber. *Lut. Parif.* 1658, in 4, v.

777 Stultitiæ Laudatio, Defid. Erafmi Declamatio. *Parifiis, Barbou*, 1765, in 8, v.

778 Jo. Pierii Valeriani de Litteratorum Infelicitate libri duo. *Amftelodami*, 1647, in 12, v.

779 Practica Artis amandi, auctore Hilario Drudone. *Urfellis*, 1606, in 12, parch.

Sentences, Apophtegmes, Adages, &c.

780 Loci communes facri & prophani Sententiarum omni generis ex Authoribus græcis congeftarum, per Jo. Stobæum, gr. & lat. *Francofurti*, 1581, in fol.

781 Philofophorum Sententiæ de Fato, & de eo quod in noftra poteftate eft, collectæ partim &
de

de græco verſæ, per H. Grotium. *Pariſ.* 1648, in 4, m. r.

782. Demophili, Democratis & Secundi ſententiæ morales, gr. & lat. edente Luca Holſtenio. *Romæ*, 1638, in 12, v.

783. Adagiorum Def. Eraſmi Chiliades IV. *Pariſiis*, 1572, in fol. baſ

784. Detti & Fatti piacevoli & gravi di diverſi principi &c. Raccolti dal Guicciardini. *in Venetia*, 1565, in 8. parch.

785. Libro de Apothegmas de muchos reyes y principes illuſtres. *en Anvers*, 1549 in 8, v.

786. Lugares comunes de conceptos, Dichos, y ſententias en diverſas materias, por Juan de Aranda, *en Madrid*, 1613, in 4, parch.

787. Floreſta Eſpañola de Apothegmas o ſentencias, collegidas, por Melch. de Sancta Crux. *en Caragoça*, 1576, in 12 vel.

788, Dichos y Hechos notables del Sabio Rey, Don Alonſo de Aragon. *en Anvers*, 1554, in 8, v.

789. Perla de los Proverbios morales de Alonſo de Borras. *em Lisboa.* 1667, in 8, parch.

790. Scaligerana, Thuana, Perroniana, &c. *Amſterdam*, 1740, 2 vol. in 12, v.

791. Joineriana : or the book of Serapſ. *London*, 1772, 2 Tom. en 1 vol. in 8, en cart.

792. Achillis Bocchii ſymbolicarum quæſtionum libri V. *Bononiæ*, 1555, in 8, fig. v.

793. Symbolorum & Emblematum ex re herbaria deſumptorum centuria una collecta a Jo-Camerario. *Francofurti*, 1654, in 4, fig. v.

POLYGRAPHES.

794. Luciani Opera, gr. & lat. cum notis variorum. *Amſtelædami*, 1687, 2 vol. in 8, v. f.

795. Fr. Petrarchæ Opera quæ extant omnia. *Baſſileæ*, cɪɔ. ɪɔ. xxcɪ, in fol. v.

796. H. Fracaſtorii Opera omnia. *Venetiis* 1584, in 4 ; parch.

797. Ant. Ludovici Medici problematum libri V, & alia Opera. *Olyſiponæ*, 1539, in fol.

798. Fr. Baconis de Verulamio Opera varia. *Lugd. Bat.* 1643, 9 vol. in 16, vel.

799. Lilii Greg. Gyraldi Opera omnia. *Lugd. Bat.* 1696, in fol. v.

800. Aonii Palearii Verulani Opera *Amſtelodami*, 1696, in 12, v.

801. Dan. Georg. Morhofii Polyhiſtor literarius, Philoſophicus & Practicus. *Lubecæ*, 1732, in 4 ; v.

802. Jo. Mat. Geſneri Opuſcula minora varii argumenti. *Vratiſlaviæ*, 1743, 8 tom, rel. en 2 vol. in 8, v.

803. M. T. Lud. Munteri Parerga Hiſtorico Philologica. de Herculaneo, de éducatione puerorum, &c. *Gottingæ*, 1749, in 8, fig. v.

804. Ant. Goveani Opera Juridica, Philologica. edidit Jac. Van Vaaſſen *Roterodami*, 1766, in fol. v.

805. Les Eſſais de Michel de Montaigne, avec les notes de P. Coſte. *Londres*, 1724, 3 vol. in 4, v.

806. Œuvres de la Mothe le Vayer. *Paris*, 1654, 2 vol. in fol.

807. Mélanges de Littérature, d'Hiſtoire & de

Philosophie, par M. d'Alembert. *Amsterdam*,
1770, 5 vol. in 12, v.

808. Tutte le Opere di Nicolo Machiavelli. *in
Geneva*, 1550, in 4, v.

809. Obras de Don Francisco de Quevedo y Vil-
legas. *en Madrid*, 1724, 2 vol in 4 parch.

810. Las Obras y relaciones de Ant. Perez. *en
Ginevra*, 1676, in 8, en cart.

811. The Genuins Remains in verse and prose of
Sam. Butler. *London*, 1759, 2 vol. in 8, v.

812. The Works of Alexander Pope. *London*,
1736, 6 vol. in 12, v.

813. The Works of sir William Temple. *London*,
1750, 2 vol. in fol. v.

814. The Works of Walter Moyle. *London*,
1726, 3 vol. in 8, v.

815. A Collection of tracts. by J. Tranchard and
Th. Gordon. *London*, 1751, 2 vol. in 12, v.

816. Essays and Treatises on several subjects, by
David Hume. *London*, 1753, 5 vol. in 12, v.

817. Essays and Observations, Physical and Lit-
terary, read before a society in Edinburgh.
Edinburgh, 1754, 2 vol. in 8, fig. bas.

Dialogues & Epistolaires.

818. Dialogues of the Dead. *London*, 1760, in
8, v.

819. Dialogues concerning Natural Religion,
by David Hume. *London*, 1779, in 8, en cart.

820. Aristæneti epistolæ, gr. & lat. *Parisiis*,
1610, in 8, v.

821. C. Plinii Secundi Epistolarum libri X. cum
annotationibus Jo. M. Gesneri. *Lipsiæ*, 1739,
in 8, bas.

822. Defid. Erafmi , Ph. Melanchtonis , Th. Mori & Lud. Vivis Epiftolæ. *Londini* , 1642 , in fol.

823. Epiftolarum Philippi Melanchtonis libri IV. *London* , 1642 , in fol. v.

824. Lettres choifies de Guy Patin. *la Haye* , 1707 , 3 vol in 12 , v.

825. Lettres du Baron de Bufbec. *Paris* , 1748 , 3 vol. in 12 , v.

826. Lettres familiaires de M. le Baron de Bielfeld. *La Haye* , 1763 , 2 vol. in 12 baf.

827. Lettres à une Princeffe d'Allemagne fur divers fujets de Phyfique & de Philofophie. *St. Petersbourg* , 1768 , 2 vol. in 8 , v.

828. Epiftolas familiares de Don Ant. de Guevara. *En Anvers* , 1648 , in 8 , vel.

829. Cartas do P. Antonio Vieyra. *Lisboa* , 1735 , 3 tom. en 2 vol. in 4 , v.

830. Letters written by Earl of Chefterfield. *Lond.* 1774 , 4 vol. in 8 , en cart.

HISTOIRE.

GÉOGRAPHIE.

831. Letters on the Study and ufe of Hiftory , by Lord Bolingbroke. *London* , 1752 , in 8 , v.

832. Géographie générale trad. du latin de Varenius, par J. Jurin. *Paris* , 1755 , 4 vol. in 12 , v.

833. A New Syftem of Geography , by A. F. Bufching. *London* , 1762 , 6 vol. in 4 , v. b.

834. Strabonis rerum Geographicarum libri XVII. gr. & lat. edente Th. Janffonio ab Almeloveen. *Amftelodami* , 1707 , 2 vol. in fol. v.

835. Notitia orbis antiqui, auct. Christ. Cellario. *Lipsiæ*, 1731, 3 vol in 4, v.

836. Géographie ancienne abrégée, par d'Anville. *Paris*, 1768, 3 vol. in 12, v.

837. Vetera romanorum itineraria, curante Pet. Wesselingio. *Amstelodami*, 1735, in 4, v.

838. Mich. Ant. Baudrand, lexicon Geographicum. *Isenaci*, 1677, in fol. v.

839. Descriptio orbis antiqui in XLIV. Tabulis exhibita a Jo. Davide Koelero. *Norimbergæ*, in fol. bas.

840. Mappa de Portugal pelo Padre Joan B. de Castro. *Lisboa*, 1745, 4 vol. in 12, v.

VOYAGES.

841. Delle Navigationi raccolti gia da Giov. Batt. Ramusio. *In Venetia*, 1563, 1574, 1556, 3 vol. in fol. v.

842. Continuation de l'Histoire générale des Voyages. *Paris*, 1768, 2 vol. in 4, fig. en cart.

843. Les Voyageurs modernes. *Paris*, 1760, 4 vol. in 12, v.

844. A Voyage round the World, by G. Anson. *London*, 1748, iu 8, v.

845. Voyages en Portugal & en Espagne, fait en 1772 & 1773, par Rich. Twiss. *Berne*, 1776, in 8, en cart.

846. A Tour through Sicily aud Malta. by B. Bridone. *London*, 1773, 2 vol. in 8, en cart.

847. Anciennes relations des Indes & de la Chine, de deux voyageurs Mahométans, dans le neuvieme siecle. *Paris*, 1718, in 8, v.

848. Voyages faits principalement en Asie, re-

cueillis par P. Bergeron. *La Haye*, 1735, in 4, v.

849 Histoire de la Navigation de Jean Hugues de Linschot, aux Indes Orientales. *Amsterd.* 1619, in fol, fig. m. r.

850 Peregrinaçam de Fernam Mendez Pinto. *Em Lisboa*, 1678, in fol, en cart.

851 Viaggi per l'Isola di Cipro è per la Soria è Palestina, fatti da Giov. Mariti, dall anno 1760-1768. *in Lucca*, 1769, 6 vol. in 8, v.

852 Voyages du Chevalier Chardin en Perse, &c. *Amsterdam*, 1711, 3 vol. in 4, fig. mar. r.

853 Descriptio ac delineatio detectionis freti, sive, transitus ad occasum suprà terras Americanas, in Chinam atque Japonem ducturi, recens investigati ab H. Hudsono. *Amstelod.* 1612, in 4, fig. parch.

854 Relation du Voyage de la Mer du Sud, par Frezier. *Paris*, 1716, in 4, v.

855 Voyages & Découvertes faites par les Russes le long des Côtes de la Mer Glaciale, par M. Muller. *Amsterdam*, 1766, 2 t. en 1 v. in 12, v.

856 Journal du Voyage fait à l'Equateur, servant d'Introduction à la Mesure des trois premiers degrés du Méridien, par M. de la Condamine. *Paris*, 1751, in 4, v.

857 Mesure des trois premiers degrés du Méridien, par M. de la Condamine. *Paris*, 1751, in 4, v.

858 Relacion Historica del Viage à la America Meridional, por D. Jorge Juan y D. Ant. de Ulloa. *en Madrid*, 1748, 2 vol. in 4. fig. v.

Chronologie & Histoire Universelle.

859 Christ. Schradeti Tabulæ Chronologicæ à primâ rerum origine ad nostra tempora deductæ. *Brunsvigæ*, in fol. en cart.

860 Justini Historiæ , ex recens. Jo. Georg. Grævii. *Traj. ad Rh.* 1668 , in 12 , v.

861 An Universal History , from the earliest account of time. Compiled from Original Authors. *London*, 1747, 65 vol. in 8 , v.

862 The present State of Europe. *London*, 1753, in 8 , v.

Histoire Ecclésiastique.

863 Annales ecclesiastici, Auctore Cæsare Baronio. *Romæ*, 1588, 18 vol. in fol. v.

864 Critica historico-chronologica in universos Annales ecclesiasticos Cardinalis Baronii. *Antverpiæ*, 1705, 4 vol. in fol. v.

865 Jo. L. Moshemii Institutiones Historiæ ecclesiasticæ. *Helmestadii*, 1755, in 4, v.

866 An ecclesiastical History ancient and modern, by John L. Mosheim, transl. by Archib. Maclaine. *London*, 1758, 5 vol. in 8, v.

867 J. L. Moshemii de rebus Christianorum ante Constantinum magnum Commentarii. *Helmestadii*, 1753, in 4, v.

868 Jo. L. Moshemii Dissertationes ad Historiam ecclesiasticam pertinentes. *Altonaviæ*, 1743, 2 vol. in 8 , v.

869 Historia Ecclesiæ Lusitanæ, auct. Thoma ab Incarnatione. *Colimbriæ*, 1759, in 4, tomus primus.

870 Jo, Laur. Moshemii Hiſtoria Tartarorum ec-
cleſiaſtica. *Helmſtadii*, 1741, in 4, baſ.
871 The Hiſtory of the Church of Malabar, by
M. Geddes. *London*, 1694, in 8, v.
872 Hiſtoire du Chriſtianiſme d'Ethiopie, par la
Croze. *La Haye*, 1739, in 8, v.
873 Hiſtoire du Concile de Trente, de Fra Paolo
Sarpi, trad. par Amelot de la Houſſaye. *Amſt.*
1686, in 4, v.
874 Cleri totius romanæ Eccleſiæ ſubjecti utriuſque ſexus habitus, a Jod. Ammanno expreſſi.
Francofurti, 1585, in 4, parch.
875 Vida de G. Vicente de Paulo, eſcritta pelo
Padre Jo. Doſſ. Sacramento, e traduzida em
Portuguez, por D. Jozé Barboſa. *Lisboa occid.*
1738, in fol. v.
876 Hiſtoire du Manichéiſme, par Beauſobre.
Amſterdam, 1734, 2 vol. in 4, v.
877 Diſcorſo dell' origine, forma, leggi, ed uſo
della Inquiſitione, nella citta, e dominio di Venetia, del Pad. Paolo. 1639, in 4, parch.
878 Phil. a Limborch Hiſtoria Inquiſitionis. *Amſt.*
1692, in fol. fig.
879 Prattica per procedere nelle cauſe del ſant'
officio, compoſta dal Padre Fra Deodato Scaglia,
celebre Inquiſitore. in 4, manuſcr. ſur papier.
880 Autentic Memoirs concerning the Portugueſe
Inquiſition, never before publiſhed. *London*,
1769, in 8, en cart.

Hiſtoire Ancienne.

881 Flavii Joſephi Opera quæ extant, gr. & lat.
Geneva, 1635, in fol. v.

882 Fl. Josephi Opera omnia, gr. & lat. ex recens.
Sig. Havercampi. *Amsteladami*, 1726, 2 vol.
in fol. v.

883 Hegesippi de bello judaico, & urbis Hiero-
solymitanæ excidio, libri V. *Coloniæ*, 1559,
in 8, v.

884 Histoire des Juifs depuis Jésus-Christ jusqu'à
présent, par Basnage. *La Haye*, 1716, 15 vol.
in 12, v.

885 Pausaniæ græciæ Descriptio accurata, gr. &
lat. cum Notis Joach. Kuhnii. *Lipsiæ*, 1696,
in fol. v.

886 Herodoti Historiarum libri IX, gr. & lat. ex
recensione Frid. Sylburgii. *Francofurti*, 1608,
in fol.

887 Thucydidis de Bello Peloponesiaco libri octo,
gr. & lat. ex recensione H. Stephani. 1564, in
fol. v.

888 Xenophontis quæ extant Opera, gr. & lat.
cum annotationibus Henrici Stephani. 1581,
in fol. v.

889 Xenophontis Opera, gr. & lat. ex recensione
Ed. Wells, cura Car. Aug. Thieme. *Lipsiæ*,
1763, 4 vol. in 8, bas.

890 Diodori Siculi Bibliothecæ historicæ libri XV,
gr. & lat. studio Laurentii Rhodomani. *Hanoviæ*,
1604, in fol. v.

891 Arriani Opera, gr. & lat. cum Notis variorum. *Amstel.* 1668, 2 vol. in 8, v.

892 Q. Curtius Rufus de rebus Gestis Alexandri
Magni, opera Jo. Henr. Rapp. *Argentorati*,
1670, in 4, v.

893 The grecian History, by Dr. Goldsmith. *Lond.*
1774, 2 vol. in 8, v.

Histoire Romaine.

894 Dionysii Halicarnassei quæ extant Opera, gr.
& lat. stud. Frid. Sylburgii. *Lipsiæ*, 1691, in fol.
vel.

895 The roman Antiquities of Dionysius Halicar-
nassensis, translated into English, by Ed. Spel-
man. *London*, 1758, 2 tom. en 1 vol. in 4, v.

896 Scriptores Historiæ romanæ latini veteres,
edente Ben. Gasp. Haurisio. *Heidelbergæ*, 1743,
4 vol. in fol. v.

897 Titi Livii Historiæ, ex recens. Jo. Clerici.
Amst. 1710, 10 vol. in 12, v.

898 Titi Livii Historiæ, cum notis J. B. L. Cre-
vier. *Parisiis*, 1747, 6 vol. in 12, v.

899 T. Livii Historiarum libri XCI. Fragmentum
Anecdoton descriptum a Vito. M. Giovenazzio.
Lipsiæ, 1773, in 8, en cart.

900 L. An. Flori Historiæ, cum notis variorum.
Neomagi, 1662, in 8, v.

901 Christ. Adami Ruperti Observationes ad L.
An. Flori rerum romanarum libros IV. *Nori-
bergæ*, 1659, in 8, v.

902 C. Velleii Paterculi Historia romana, cum
notis variorum, curante Petro Burmanno. *Lugd.
Bat.* 1719, in 8, v.

903 S. Aurelii Victoris Historia romana, cum
notis variorum, curante Jo. Arntzenio. *Amstel.*
1733, in 4, v.

904 Polybii Historiarum libri qui supersunt, gr.
& lat. ex recensione Isaaci Casauboni. *Parisiis*,
1609, in fol. v.

905 Polybii, Diodori Siculi, excerpta ex collec-
taneis Constantini Porphyrogenetæ, gr. & lat.
stud. Henrici Valesii. *Parisiis*, 1634, in 4, v.

906 Appiani Alexandrini Hiſtoriæ, gr. & lat. cum notis variorum. *Amſlelodami*, 1670, 2 vol. in 8, v.

907 C. Criſp. Salluſtii quæ extant, cum notis Gottlieb Curtii. *Lipſiæ*, 1724, in 4, v.

908 La Conjuracion de Catilina y la guerra de Jugurta por Cayo Saluſtio Criſpo. *En Madrid, por Joachin Ibarra*, 1772, in fol. baſ.

Ce ſuperbe Ouvrage étant actuellement très connu, il eſt inutile de répéter les éloges que nous en avons faits dans pluſieurs de nos Catalogues.

909 Del Alfabeto y Lengua de los Fenices, y de ſus Colonias. *En Madrid, por Joach. Ibarra*, 1772. in fol. br.

Cette Diſſertation ſur la Langue Phénicienne eſt imprimée avec le Salluſte, d'où elle a été tirée.

910 The Works of Salluſt, tranſlated into Engliſh, by T. Gordon. *London*, 1744, in 4, v.

911 C. Julii Cæſaris quæ extant, cum notis variorum, cura Franc. Oudendorpii. *Lugd. Bat.* 1737, in 4, v. f.

912 C. Corn. Taciti opera, ex recenſione & cum animadverſionibus Th. Ryckii. *Lugd. Batav.* 1687, 2 vol. in 12, v.

913 C. Cornelii Taciti opera, ex recenſione Jo. Aug. Erneſti. *Lipſia*, 1752, 2 vol. in 8, v.

914 C. Corn. Taciti opera, ex recognitione Gabrielis Brotier. *Pariſiis*, 1771, 4 vol. in 4, en cart.

915 Tacito Eſpañol, illuſtrado con aforiſmos por Balt. Alamos de Barrientos. *En Madrid*, 1614, in fol. v. b.

916 C. Suetonius Tranquillus, ex recenſ. Jo. Georgii Grævii. *Trajecti ad Rhen.* 1672, in 4, vél.

917 In C. Suetonii de XII. Cæsaribus libros VIII.
commentarii, per Pet. Almeidam. *Hagæ Comi-*
tum, 1727, in 4, v.

918 C. Suetonius Tranquillus, cùm notis variorum, curante Petro Burmanno. *Amstelodami*,
1736, 2 vol. in 4, brochés.

919 Dionis Cassii Historiæ Romanæ libri XLVI.
Gr. & Lat. cum notis Sylburgii. *Hanoviæ*, 1606,
in fol. v.

920 Herodiani & Zosimi Historiæ, Gr. & Lat.
Lugduni, 1624, in 8, parch.

921 Historia Zosimi, Gr. & Lat. cum notis Christ.
Cellarii. *Cizæ*, 1679, in 8, v.

922 Juliani Imperatoris opera, Gr. & Lat. *Pari-*
siis, 1630, in 4, v.

923 Ammiani Marcellini rerum gestarum libri
XVIII, emendati ab Henr. Valesio. *Parisiis*,
1681, in fol. v.

924 Trebellius Pollio, Flavius Vopiscus, cum an-
not. J. Bapt. Egnatii. *Parisiis*, 1544, in 8, vél.

925 The Roman History, from the building of
Rome, to the Ruin, by N. Hooke. *London*,
1757, 4 vol. in 4, v.

926 Apex gloriæ Romanæ, sive de statu rei Romanæ ab urbe condita, auct. Cyriaco Lentulo.
Marburgi, 1668, in 4, v.

927 La République Romaine, ou plan de l'ancien gouvernement de Rome, par de Beaufort.
La Haye, 1766, 2 tom. en 1 vol. in 4, v.

928 Observations sur les Romains, par M. l'Abbé
de Mably. *Genêve*, 1751, 2 vol. in 12. v.

929 Histoire de Cicéron, par Morabin. *Paris*,
1745, in 4, v.

930 Fasti & triumphi Romanorum a Romulo
usque ad Carolum V, Impp. *Venetiis*, 1557,
in fol. fig. en cart.

931 The History of the decline and fall of the
Roman Empire, by Ed. Gibbon. *London*, 1776,
in 4, en cart. tom. 1.

932 A vindication of some passages of the History
of the decline and fall of the Roman Empire,
by Gibbon. *London*, 1779, in 8, en cart.

933 Mich. Conr. Curtii commentarii de Senatu
Romano post tempora Reipublicæ liberæ. *Halæ*,
1768, in 8, en cart.

934 Prælectiones Camdenianæ ad initium vitæ Ha-
driani a Spartiano scriptæ, &c. *Oxonii*, 1692,
in 8, v.

Histoire d'Italie & de France.

935 Analyse géographique de l'Italie, par M. d'Anville. *Paris*, 1744, in 4, v.

936 Car. Sigonii historia de rebus Bononiensibus
libri VIII. *Hanoviæ*, 1604, in fol. v.

937 Jo. Bapt. Pignæ de principibus atestinis historiarum libri VIII. *Ferrariæ*, 1595, in fol. v.

938 Commentariorum de bello Aphrodisiensi libri V. auctore Horatio Nucula. *Romæ*, 1552.
in 8, v.

939 Abrégé chronologique de l'Histoire de France, par Mezeray. *Amst.* 1673, 7 vol. in 8,
fig. vél.

940 Observations sur l'Histoire de France, par
l'Abbé de Mably. *Genêve*, 1765, 2 vol. in 12. v.

941 Mémoires de Guy Joli. *Genêve*, 1777, 2 vol.
in 12, v.

942 Extrait de la Généalogie de la Maison de
Mailly. *Paris*, 1757, in 4, v.

Histoire d'Allemagne.

943. Histoire de l'Empire d'Allemagne. *Paris,* 1771, 8 vol. in 12, v.

944 The history of the reign of the Emperor Charles V, by W. Robertson. *Lond.* 1769 3 vol. in 4, v.

945 Histoire du regne de l'Empereur Charles V, par Robertson. *Paris,* 1771, 6 vol. in 12, v.

946 Mémoires pour servir à l'Histoire de la Maison de Brandebourg. *Berl.* 1751, 2 vol. in 12, v.

Histoire d'Espagne & de Portugal.

947 La Chronica general de España, que recopila Florian do Campo. *Medina del Campo,* 1553, 4 vol. in fol. v.

948 Hispania illustrata, studio And. Schotti. *Francofurti,* 1603, in fol. vél. Tomus primus.

949 Historia general de España, por Juan Mariana. 1601, 2 vol. in fol. baf.

Manque le commencement du premier vol.

950 Dialogos de varia Historia em que sumariamente se referem muytas causas antiguas de Hespaña por P. de Mariz. *Em Coimbra,* 1598, in 8.

951 Histoire d'Espagne, par Turquet. *Paris,* 1608, 3 vol. in fol. baf.

952 Indices rerum ab Aragoniæ regibus gestarum ab initiis regni ad annum MCDX. a Hieron. Surita. *Cæsar Augusta,* 1578, in fol. v.

953 Historia del Rey Don Rodrigo, compuesta por el Sabio Alcayde Abulcacim Tarif Abentarique. *En Valencia,* 1646, in 4, parch.

954 Chronica de los Reyes Catholicos Don Hernando y Doña Ysabel, compuesta por Hernando del Pulgar. *En Çaragoça* 1567, in fol. fig. v.

955 Miscellaneous tracts : viz : the History of the expulsion of the Moriscoes out of Spain, &c. by M. Geddes. *London*, 1702, in 8, v.

956 Descripcion de la ciudad de Toledo, i Historia de sus antiguedades, &c. por D. Th. Tamaio de Vargas. *En Toledo*, 1617, in fol.

957 Descripcion del Monasterio de S. Lorenzo del Escorial, por Padre Franc. de los Santos. *En Madrid*, 1681, in fol. vél.

958 Grandezas, y antiguedades de la isla y ciudad de Cadiz, por J. Bapt. Suarez de Salazar. *En Cadiz*, 1610, in 4, parch.

959 Libri quatuor de antiquitatibus Lusitaniæ, a Lucio And. Resendio inchoati & a Jac. Menætio Vasconcello recogniti. *Ebora*, 1593, in fol.

960 Epitome de las Historias Portuguesas, por Manuel de Faria y Sousa. *En Madrid*, 1628, in 4, en cart.

961 Histoire abrégée de Portugal & des Algarves, par M. J. R. *Amsterdam*, 1724, in 4, v.
On a écrit sur le frontispice :
Livre rare mais qui ne devroit l'être que par sa singularité, quoiqu'il soit bien écrit.

962 The History of the revolutions of Portugal. *London*, 1740, in 8, en cart.

963 Historia della desunione del regno di Portogallo della corona di Castiglia. *In Amsterdam*, 1647, in 8, v.

964 Noticias de Portugal escritas por Manuel Severim de Faria. *Lisboa*, 1740, in fol. v.

965 Acta regum Lusitaniæ, auctore P. Ant. Vasconcellio. *Antuerpiæ*, 1621, in 4, v.

966 Livro das obras de Garcia de Reefende, que tracta da vida do Principe el Rey Dom Joam II. 1554 in fol. v.

967 Vida y acciones del Rey D. Juan el fecundo, decimotercio de Portugal, por D. Aug. Manuel y Vafconcellos. *En Madrid*, 1639, in 4.

968 Hieron. Oforii de rebus Emmanuelis, Lufitaniæ Regis, libri XII. *Coloniæ*, 1586, in 8, vel.

969 Chronica do Rey Don Emanuel. *Em Lisboa*, 1619, in fol. v.

970 Memorias para a Hiftoria de Portugal, que comprehendem o Governo del Rey D. Sebaftiao, por Diogo Barbofa Machado. *Lisboa*, 1736, 4 vol. in 4, baf.

971 Vida do Infante Don Henrique, efcritta por Candido Lufitano. *Lisboa*, 1758, in 4, v.

972 Vindicias apologeticas e criticas, contra o prologo anticritico que efcreveo P. D. Lorenzo Juftiniano da Annunciaçam impugnando a differtaçam dos faftos politicos e militares da Lufitania, compoftas pelo Ignacio Barbofa Machado. *Em Paris*, 1760, in fol. cart.

973 De antiquitatibus Conventus Bracarauguftani, libri IV, vernaculo, latinoque fermone confcripti, a P. Heronymo Contador de Argote. *Ulyffiponæ*, 1738, in 4, rel. en cart.

Hiftoire d'Angleterre & des Pays Septentrionaux.

974 The Hiftory of England, from the invafion of Julius Cæfar, by David Hume. *London*, 1762, 2 tom. en 1 vol. in 4, v.

975 The Hiftory of England, under the houfe of Tudor, by Dav. Hume. *London*, 1759, 2 tom. en 1 vol. in 4, v.

976 The

976 The History of great Britain, containing the Reigns of Jacques I, and Ce Hume. *Edinburgh*, 1754, 2 tom. en 1 vol. in 4, v.

977 Remarks on the History of England, by H. Oldcastle. *London*, 1754, in 8. v.

978 Great-Britain's true syftem, by Mal. Poftlethwayt. *London*, 1757, in 8. v.

979 Political Arithmetic, containing obfervations on the prefent State of great britain, by Arthur Young. *London*, 1774, in 8, en cart.

980 The History of Scotland, by W. Robertson. *London*, 1769, 2 vol. in 8, en cart.

981 Commentarii hiftorici duo : alter de Regibus vetuftis norvagicis, alter de Profectione danorum in Terram Sanctam, cura Jo. Kirchmanni. *Amftelodami*, 1684, in 12, vel.

982 Lettres fur le Dannemarck. *Geneve*, 1758, 2 vol. in 12, & in 8, v.

983 Hiftoire de Ruffie, par M. Levefque. *Paris*, 1782, 7 vol. in 12, en cart.

984 Mémoires hiftoriques & politiques fur la Ruffie, par le Général Manftein. *Lyon*, 1772, 2 tom. en 1 vol. in 8, v.

Hiftoire de l'Afie, de l'Afrique & de l'Amérique.

985 Recueil d'Obfervations curieufes fur les Mœurs de l'Afie, de l'Afrique & de l'Amérique. *Paris*, 1749, 4 tom. en 2 vol. in 12, en cart.

986 Lettres fur l'Origine des Sciences, & fur celle des peuples de l'Afie, & fur l'Atlantide de Platon, par M. Bailly. *Paris*, 1777, 2 vol. in 8, en cart.

F

987 Tratados hiftoricos , &c. de la Monarchia de China , por Fr. Dom. Navarrete. *En Madrid ,* 1676 , in fol. vel.

988 Hiftoria del Reyno de Japon , por Buxeda de Leyva. *En Çaragoça ,* 1591 , in 8 , v.

989 Ambaffades de la Compagnie des Indes orientales des Provinces-Unies , vers les Empereurs du Japon. *Amfterd.* 1680 , in fol. fig. v.

990 An hiftorical Relation of the Ifland Ceylon , by Rob. Knox. *London ,* 1681 , in fol. fig. v.

991 Interefting hiftorical events , relative to the Provinces of Bengale and the Indoftan , by J. Z. Holwell. *London ,* 1766 , 3 tom. en 2 vol. in 8 , fig. v.

992 Decada primeira de Joao de Barros dos Feitos que os Portuguefes fezerao no defcobrimento dos mares & terras do Oriente. *Em Lisboa ,* 1628. == Decada fecunda de J. de Barros. *Em Lisboa ,* 1628. == Decada terceira de J. de Barros. *Em Lisboa ,* 1628. == Quarta Decada de J. de Barros , illuftrada com notas , por J. Bapt. Lavanha. ==Quinta Decada de J. de Barros. *Em Madrid ,* 1615. == Sexta Decada. == Decada fetima , por Diogo do Couto. *Em Lisboa ,* 1616. == Decada outava , por Diogo do Couto. *Lisb.* 1673. == Decada octava y nona , MS. ==Decada decima , por D. do Couto. MS. == Decada doze , por D. do Couto. *Em Pariz ,* 1645 , 11 vol. in fol. v. f.

Il manque le Frontifpice de la fixieme Partie; & la onzieme. La quatrieme Partie eft double.

993 Commentarios do grande Afonfo Dalboquerque , Capital Geral que foy das Indias orientales. *Em Lisboa ,* 1576 , in fol. vel.

994 Relacion hiftorial de las Miffiones de los In-

dios, que llaman chiquitos, por el Pad, Juan Patricio Fernandez. *En Madrid*, 1726, in 4, parch.

995 Descripcion chorographica del Terreno, Rios, Arboles y Animales de las Provincias del gran Chaco, Gualamba : y de los Ritos, &c. de las Naciones barbaras que le habitan, por P. Pad. Lozano. *En Cordoba*, 1733, in 4, parch.

996 A Short account of that part of Africa inhabited by the Negroes, with the Manner by which the slave trade is carried on. *London*, 1768, en cart.

997 Mémoires sur le Pays des Cafres. *Amsterd.* 1718, in 8, v.

998 L'Histoire du nouveau Monde, par Jean de Laet. *Leyde, Bon. & Ab. Elzeviers*, 1640, in fol. fig. v.

999 The History of América, by W. Robertson. *London*, 1777, 2 vol. in 4, v.

1000 Las Obras del Obispo D. Fray Bartolome de las Casas. *En Barcelona*, 1646, in 4, v.

1001 Noticias americanas : Entretenimientos phisicos-historicos, sobre la America meridional, y la septentrional oriental, por D. Ant. de Ulloa. *En Madrid*, 1772, in 4, parch.

1002 Castrioto Lusitano, Parte I. entrepresa, e restauraçao de Pernambuco, e das Capitanias confinantes, por Padre Raphaël de Jesus. *Lisboa*, 1679, in fol. vel.

1003 Nova Lusitania, Historia da Guerra brasilica, por Franc. de Brito Freyre. *Lisboa*, 1675, in fol. vel.

1004 Historia da Provincia sancta Cruz, feita por Pedro de Magalhaes de Gandavo. *Em Lisboa*, 1576, in 4, v.

1005 Commentarius de Republica in America
Lusitana atque Hispana a Jesuitis Instituta ,
belloque ab his cum Hispaniæ , Lusitaniæque
exercitibus gesto. in 12. en cart.
1006 Historiæ Canadensis, seu novæ Franciæ libri X, auct. Fr. Creuxio. *Parisiis*, 1664 , in 4 ,
fig. v.

Antiquités.

1007 Dictionnaire abrégé d'antiquités. *Paris* ,
1773 , in 12 , v.
1008 Dissertation historique & politique sur la
population des anciens temps , par M. Wallace.
Paris , 1769 , in 8 , v.
1009 Veterum Persarum, & Parthorum, & Medo-
rum Religionis Historia , auct. Th. Hyde. *Oxonii*, 1760 , in 4 , fig. v.
1010 Charactères Ægyptii , hoc est, sacrorum ,
quibus Ægyptii utuntur , simulacrorum accurata
delineatio , auct. Laur. Pignorio. *Francofurti* ,
1608 , in 4 , fig. v.
1011 De veteribus Ægyptiorum ritibus , auct.
J. B. Casalio. *Romæ* , 1644 , in 4 , fig. v.
1012 Hermanni Witsii Ægyptiaca. *Amstelodami* ,
1683 , in 4 , v.
1013 Archæologia Græca : or , the antiquities of
Grece , by Jo. Potter. *London* , 1748 , 2 vol.
in 8 , fig. v.
1014 Jo. Meursii Græcia Feriata. *Lugd. Batav.*
1619 , in 4 , v.
1015 Jo. Rosini antiquitates Romanæ , cum notis
Th. Dempsteri. *Lugd. Bat.* 1664 , in 4 , fig. v.
1016 Discours de la Religion des anciens Romains , par H. du Choul. *Lyon* , 1581 , in 4 ,
fig. en cart.

1017 Caſt. Innoc. Anſaldi de Romana tutelarium
Deorum in oppugnationibus urbium evocatione,
liber. *Oxonii*, 1765, in 8, en cart.

1018 G. H. Nieuport, rituum qui olim apud Ro-
manos obtinuerunt, ſuccincta explicatio. *Berolini*, 1751, in 8. fig. v.

1019 The antiquities of Rome, by Bas. Kennett.
London, 1737, in 8, fig. v.

1020 Car. Sigonii de antiquo jure populi Romani libri XI. *Lipſiæ*, 1715, 2 vol. in 8,
en cart.

1021 Pet. Burmanni de vectigalibus populi romani Diſſertatio. *Traj. ad Rhenum*, 1714,
in 8, v.

1022 Notitia dignitatum utriuſque imperii. Cum
commentariis G. Panciroli. *Geneva*, 1623,
in fol v.

1023 Jac. Gutheri de jure manium, ſeu de ritu,
more, & legibus priſci funeris, libri III. *Pariſiis*, 1615, in 4, en cart.

1024 H. Mercurialis de arte Gymnaſtica libri
ſex. *Pariſiis*, 1577, in 4, fig. v.

1025 Agoniſticon Pet. Fabri ſive de re athletica
ludiſque veterum Gymnicis, &c. opus. *Lugd.*
1595, in 4, vel.

1026 Jo. H. Schulze Diſſertationum Academicarum faſciculus I. de athletis veterum, eorum
diæta & habitu. De elleboriſmis veterum, &c.
Halæ, 1743, in 4, en cart.

1027 Lettre de Brutus ſur les Chars anciens &
Modernes. *Londres*, 1771, in 8, baſ.

1028 Antiguedad Maritima de la Republica de
Cartago. por D. Pedro Rodrig. Campomanes.
En Madrid, 1756, in 4, vel.

1029 Varias Antiguedades de Eſpaña, Africa y

otras Provincias , por Bernardo Aldrete. *En Amberes* , 1614, in 4 , v.

1030 Antiquitates Selectæ Septentrionales & Celticæ. Auct. Jo. Georg. Keysler. *Hanoveræ* , 1720 , in 8 , fig. v.

1031 Infcriptionum Antiquarum Sylloge à Guill. Fleetwood. *Londini* , 1691 , in 8 , v.

1032 Infcriptiones feu Epigrammata Græca & Latina reperta per Illyricum à Cyriaco Anconitano. *Romæ* , 1747 , in fol. br.

1033 Raph. Fabretti infcriptionum antiquarum quæ in ædibus paternis affervantur explicatio. *Romæ* , 1699 , in fol. en cart.

1034 Jo. Fred. Gronovii de feftertiis , feu pecuniæ veteris Græcæ & Romanæ libri IV. *Amft. apud Elzevirios* , 1656 , in 8 , vel.

1035 Specimen univerfæ rei nummariæ antiquæ. Auct. And. Morellio. *Lipfiæ* , 1695 , in 8. v.

1036 Jo. Harduini antirrheticus de nummis antiquis coloniarum & municipiorum. *Parifiis* , 1689 , in 4 , v.

1037 Car. Arbuthnotii tabulæ antiquorum nummorum , menfurarum , & ponderum. Opera Dan. Konigii, *Traj. ad Rhen.* 1756 , in 4 , veau.

1038 Romanum Mufeum , five Thefaurus eruditæ antiquitatis. Curâ Mich. Ang. Caufei de la Chauffe. *Romæ* , 1690 , in fol. fig. v.

1039 Mufeum Schoepflini. Tomus prior, lapides , marmora, vafa. *Argentorati* , 1773 , in 4 , fig. broché.

HISTOIRE LITTERAIRE.

1040 Guid. Pancirolli rerum memorabilium five

deperditarum partes duæ. *Francofurti* , 1660 , in 4 , v.

1041 An Inquiry into the origine of the difco-veries attributed to the moderns. By M. Du-tens. *London* , 1769 , in 8 , en cart.

Hiſtoire des Academies & Univerſités.

1042 Herm. Conringii de antiquitatibus Acade-micis Diſſertationes VII. *Gottingæ* , 1739 , in 4 , baſ.

1043 Hiſt. de l'Academie Royale des Sciences, depuis 1666 — 1699 , *Paris* , 1733 , 13 vol. in 4 , v. f.

1044 Hiſtoire de l'Academie Royale des Scien-ces depuis & compris l'année 1699 — 1778 , *Paris* , *Boudot* , 1718 , 81 vol. in 4 , v. f. & v. m.

1045 De la Grandeur & de la Figure de la Terre , ſuite des Mémoires de l'Academie , année 1718. *Paris* , 1720 , in 4 , v. f.

1046 Elemens de la Géometrie de l'infini. *Paris* , 1727 , in 4 , v. f.

1047 Traité de l'Aurore Boréale , par M. de Mairan. *Paris* , 1733 & 1754 , 2 vol. in 4.

1048 Table Alphabetique des Matieres conte-nues dans l'Hiſtoire de l'Academie des Scien-ces , par M. Godin. *Paris* , 1734 , 8 tom. rel. en 6 vol. in 4 , v.

1049 Mémoires de Mathématique & de Phy-ſique preſentés à l'Academie des Sciences , par divers Savans. *Paris* , 1750 , 9 vol. in 4 , v. m.

1050 The Philoſophical Hiſtory and Memoirs

‘ of the Royal Academy of Sciences at Paris. *London*, 1742, 5 vol. in 8, fig. v.

1051. Histoire & Mémoires de la Société Royale de Médecine. *Paris*, 1779, 3 vol. in 4, baf.

1052 Mémoires de l'Académie Royale de Chirurgie. *Paris*, 1743, 5 v. in 4, fig. v.

1053. Mémoires fur les fujets propofés pour le prix de l'Académie royale de Chirurgie. *Paris*, 1778, 2 vol. in 4.

Tome 4, première & feconde Partie.

1054 De Bononienfi fcientiarum & artium inftituto atque Academia Commentarii. *Bononiæ*, 1731, in 4, bro.

1055 Mifcellanea Phyfico Mathematica Societatis privatæ Taurinenfis. *Auguftæ Taurinorum*, 1759, 2 vol. in 4, v.

1056 Mifcellanea curiofa five Ephemeridum Medico-Phyficarum Academiæ naturæ curioforum decuriæ IV, ab anno 1670———1722. *Francofurti*, 1684, 29 vol. in 4, fig. v.

1057 Acta Phyfico-Medica Academiæ naturæ curioforum. *Norimbergæ*, 1727, 6 vol. in 4, v.

1058 Nova acta Phyfico-Medica Academiæ Cefareæ Leopoldino-Carolinæ naturæ curioforum. *Norimbergæ*, 1757, 10 vol. in 4, bafané. Manque le Tome VI.

1059 Index Generalis rerum memorabilium dec. 1 & 2 Ephemeridum Academiæ naturæ curioforum. *Norimbergæ*, 1695, 3 tom. rel. en 2 vol. in 4, v.

1060 Synopfis Obfervationum Medicarum quas decuriæ III ac centuriæ X Ephemeridum Academiæ naturæ curioforum ab anno 1670———1722 publicatarum continent. *Norimbergæ*, 1739, 2 vol. in 4, v.

1061 De Academia Georgia Augustana quæ Gottingæ est, obrevis narratio. *Gottingæ*, in fol.
fig. vel.

1062 Extractos de las juntas generales celebradas
por la real sociedad Bascongada. *En Vitoria*,
in 4, en cart.

1063 The Philosophical Transactions and col-
lections, to the end of the year 1700 ; abridg'd,
by J. Lowthorp. *London*, 1731, 12 vol. in 4,
v. Il manque le Tome X, premiere Partie.

1064 Philosophical Transactions for the months
1737 - 1782 the first part. *London*, 47 vol.
in 4, fig. v.

1065 Philosophical Transactions of the Royal
Society of London, for the year 1780, part.
II. *London*, 1781, in 4, broch.

1066 Transactions Philosophiques de la Société
Royale de Londres, trad. par M. de Bremond.
Paris, 1741, 4 vol. in 4, v.

1067 Novi Commentarii Academiæ scientiarum
imperialis Petropolitanæ. *Petropoli*, 1760,
21 vol. in 4, en cart.
Il manque les Tomes 1, 2, 3, 4 & 8.

1068 Acta Academiæ scientiarum imp. Petropolitanæ, pro annis 1777 & 1778. *Petropoli*,
1778, 4 vol. in 4, en cart.

1069 Hist de l'Université de Paris, par M. Cre-
vier. *Paris*, 1761, 7 vol. in 12 ; v.

BIBLIOGRAPHIE.

1070 Amœnitates Literariæ, *Francofurti*, 1730,
14, vol. in 8, bas.

1071 Amœnitates Litterariæ friburgenses. Fas-
ciculus 1. *Ulmæ*, 1775, in 8, en cart.

1072 Bibliotheca Univerſalis , ſive Catalogus omnium ſcriptorum , &c. autore Conr. Geſnero.
Tiguri , 1545 , in fol. en cart.

1073 Jo. Alberti Fabricii Bibliographia antiqua-
ria. *Hamburgi* , 1760 , in 4 , v.

1074 Jo. Alb. Fabricii Bibliotheca Græca. *Hamburgi* , 1718 , 14 vol. in 4. v.

1075 Jo. Alb. Fabricii Bibliotheca Latina. *Venetiis* , 1728 , 2 vol. in 4 , v.

1076 Jo. Alb. Fabricii Bibliotheca Latina aucta
cura Jo. Aug. Erneſti. *Lipſiæ* , 1773 , 3 vol.
in 8. bro.

1077 A View of the various editions of the
Greek and Roman Claſſics , by Ed. Harwood.
London , 1775 , in 8 , en cart.

1078 Chartophylax Eccleſiaſticus : quo prope
MD. ſcriptores Eccleſiaſtici , Catholici , He-
retici , &c. breviter indicantur. *Lipſiæ* , 1687 ,
in 8 , v.

1079 Jo. Georgii Schelhorne amœnitates Hiſtoriæ
Eccleſiaſticæ & Litterariæ *Francofurti* , 1737 ,
2 vol. in 8 , v.

1080 Hiſtoire Littéraire de la Congregation de
S. Maur. *Paris* , 1770 , in 4 , en cart.

1081 Bibliotheca Hiſpana vetus. Anctore Nicolao
Antonio. *Romæ* , 1696 , 2 tom. en 1 vol.
in fol. v.

1082 Bibliotheca Hiſpana nova , auct. Nicolao
Antonio. *Romæ* , 1672 , 2 vol. in fol. v.

1083 Bibliotheca Luſitana Hiſtorica , critica , è
Chronologica. Por Diogo Barboſa Machado.
Liſboa , 1741 , 4 vol. in fol. baſ.

1084 Jo. Jac. Mangeti Bibliotheca ſcriptorum
medicorum. *Geneva* , 1731 , 4 vol. in fol.
velin.

1085 Catalogue de la Bibliotheque de M. Couvay. *Paris*, 1728, in fol. br.

1086 Catalogus Bibliothecæ Imperialis Petropolitanæ. *Petropoli*, 1742, 4 vol. in 8. v.

1087 Catalogue des Livres de M. de Rothelin. *Paris*, 1746, in 8, en cart.

1088 Catalogue de la Bibliotheque de M. Burette. *Paris*, 1748, 3 vol. in 12, en cart.

1089 Bibliotheca Gunziana. *Drejdæ*, 1755, in 8, en cart.

1090 Catalogue de la Bibliotheque de M. Falconnet. *Paris*, 1763, 3 vol. in 8, baf.

1091 Bibliotheca Senicurtiana. *Parifiis*, 1766, in 8, v.

1092 Catalogus Librorum rariffimorum Ant. Afkew. *Londini* 1775, in 8. en cart.

Vies des Hommes Illuftres.

1093 Diogenis Laertii de vitis, domatibus, &c. clarorum Philofophorum libri X gr. & lat. cum notis Æg. Menagii *Amftelodami*, 1692, 2 vol. in 4, v.

1094 Diogenes Laertius de vitis Philofophorum, gr. & lat. ed. Paulo Dan. Longolio. *Curiæ Regnatianæ*, 1739, in 8, v.

1095 Plutarchi Chæronenfis opera omnia, gr. & lat. *Francofurti*, 1599, 2 vol. in fol. v.

1096 Ennapius Sardianus de vitis Philofophorum, gr. & lat. 1596, in 12, parch.

1097 Cornelii Nepotis vitæ excellentium imperatorum. *Amftelodami*, 1707, in 8, fig. v.

1098 Images des Héros & des Grands Hommes de l'antiquité, par J. Ange Canini. *Amfterd.* 1731, in 4, fig. v.

1099 De vita & moribus Epicuri libri octo , auct.
P. Gaffendo *Hagæ Comit.* 1656 ⸺ Nic. Cl.
Fab. de Peirefc vita autore eodem. *Hagæ Comit.*
1655 , in 4 , v. f.

1100 Jambliclus de vita Pythagoræ. gr. & lat.
1598 , in 4 , vel.

1101 Vida y Hechos del Grand Condeſtable de
Portugal D. Nuño Alvarez Pereira , por Rod.
Mendez Silva. 1640 , in 12 , parch.

1102 De vita & rebus geſtis Nonni Alvareſii
Pyreriæ , libri duo , autore Ant. Rod. Coſtio.
Oliſſiponæ , 1723 , in fol. en cart.

1103 Vida de Don Joao de Caſtro , quarto
viſo-Rey da india , por Jac. Freyre de An-
drada. *Pariſ.* 1759 , in 12 , v.

1104 La Vie du Pape Benoît XIV. *Paris* , 1783 ,
in 12 , en cart.

1105 Jo. Meurſi Athenæ Batavæ ſive de urbe
Leidenſi & Academia , viriſque claris , libri
duo. *Lugd. Bat.* 1625 , in 4 , fig. en cart.

1106 Memoirſ of the life of the John Lindeſay.
London , 1753 , in 4 , en cart.

1107 An Account of the life and writingſ of
H. Boerhaave. *London* , 1743 , in 8 , en cart.

EXTRAITS HISTORIQUES.

1108 Cl. Æliani variæ Hiſtoriæ libri XIV. gr.
& lat. curante Joach. Kuhnio. *Argentorati* ,
1685 , in 8 , v.

1109 Comento ſobre los nueve libros de Valerio
Maximo, por Diego Lopez. *En Sevilla*, 1632 ,
in 4 , parch.

1110 Jo. Jac. Hoffmanni Lexicon univerſale ,

Hiftoriam Sacram & Prophanam, &c. expla-
nans. *Lugd. Bat.* 1698, 4 vol. in-fol. v.

1111 Dictionnaire Hiftorique & Critique, par
P. Bayle. *Amft.* 1734, 5 vol. in fol. v.

1112 Dictionnaire Hiftorique, par Chaufepié.
Amft. 1750, 4 vol. in fol. v.

1113 Dict. Hiftorique, par Profper Marchand.
La Haye, 1758, in fol. v.

Lu & approuvé, ce 9 Décembre 1783.

FOURNIER, Adjoint.

Les Livres feront exposés dans l'ordre qui
fuit.

Lundi 15 Décembre.

Théologie, depuis le Nº. . . . . . 1 . . 19
Jurifprudence, ... 20 . . 47
Sciences & Arts, ... 48 . . 63
Belles-Lettres, ... 627 . . 646
Hiftoire, ... 831 . . 858

Mardi 16.

Sciences & Arts, ... 64 . . 126
Belles-Lettres, ... 647 . . 666
Hiftoire, ... 859 . . 886

Mercredi 17.

Sciences & Arts, ... 127 . . 189
Belles Lettres, ... 667 . . 686
Hiftoire, ... 887 . . 914

Jeudi 18.

Sciences & Arts, ... 190 . . 252
Belles-Lettres, ... 687 . . 706
Hiftoire, ... 915 . . 942

Vendredi 19.

Sciences & Arts, ... 253 . . 316
Belles-lettres, ... 707 . . 726
Hiftoire, ... 943 . . 970

Samedi 20.

Sciences & Arts, ... 317 . . 379
Belles-Lettres, ... 727 . . 746
Hiftoire, ... 971 . . 998

Lundi 22.

Sciences & Arts, ...	380 . .	442
Belles-Lettres, ...	747 . .	766
Histoire, ...	999 . .	1026

Mardi 23.

Sciences & Arts, ...	443 . .	505
Belles-Lettres, ...	767 . .	786
Histoire, ...	1027 . .	1054

Mercredi 24.

Sciences & Arts, ...	506 . .	568
Belles-Lettres, ...	787 . .	806
Histoire, ...	1055 . .	1083

Lundi 29.

Sciences & Arts, ...	569 . .	626
Belles-Lettres, ...	807 . .	830
Histoire, ...	1084 . .	1113

9 782014 464603